W0463687

Silvia Fink-Eisinger

ENT-WICKEL DICH

FINDE DEN GOLDENEN FADEN DEINES LEBENS

FÜR MEINE TÖCHTER TAMINA UND NOELLE

*Ihr habt mich gelehrt
das Leben nicht so wichtig zu nehmen
und den Menschen sein zu lassen
wie er ist*

FÜR MEINEN MANN ANDREAS

*Von dir fühle ich mich
geliebt*

DANKE

EINLEITUNG

WEISST DU UM DEN SCHATZ, DEN DU IN DIR TRÄGST

?

In diesem Buch geht es um die »innere Arbeit«, die andere »Schätze« zutage fördert als die, die wir im Allgemeinen meinen. Ist es nicht unsere Pflicht dem Leben gegenüber, uns ständig zu entwickeln? Ist das nicht die einzige Beständigkeit, die wir haben? Die Entwicklung? Wenn ein Baby auf die Welt kommt, dann erhoffen sich die Eltern, dass sich ihr Kind körperlich, geistig, emotional und motorisch stetig weiterentwickelt. Dafür gibt es kontinuierliche Vorsorgeuntersuchungen. Die natürliche Entwicklung jedes einzelnen Menschen unter uns, beginnt jedoch sich von klein auf zu verwickeln. Die Gründe sich vielseitig. Und was passiert, wenn dieser Mensch die Volljährigkeit erreicht? Dann erlaubt sich das Umfeld, seine Entwicklung nur noch nach festgefahrenen Plänen und innerhalb vorgegebener Strukturen zu gewähren.

Finde den goldenen Faden deines Lebens und du wirst den Schatz entwickeln, der du bist.

Der Mensch hat seine Schale und seinen Kern. Das Aussehen ist wichtig und trägt sicherlich bis zu einem gewissen Punkt zum Wohlbefinden bei. Darum kümmern wir uns meist ausgiebig. Wir lassen uns die Haare schneiden, den Ansatz nachfärben, das Gesicht verwöhnen, machen Diäten und lassen uns das Körperfett entfernen. Ja, es gibt auch Frauen, die investieren in eine XXL-Oberweite, um ihren Freund zu beglücken, einfacher Geld zu verdienen oder polarisieren zu können – all dies um ihr Selbstbewusstsein vermeintlich aufzubauen. Sie glauben, dadurch eine bessere Lebensqualität zu bekommen.

Unseren inneren Kern beachten wir oft nicht, geschweige denn, dass wir in ihn investieren. Außer, der Lebenskarren steckt im Dreck! Nutze einmal die Erfahrung und investiere Zeit und Geld, um dich ein Stück weit besser kennenzulernen! Schaue, was es dir bringt! Wir wissen aufgrund unserer Erziehung oft nicht mehr, wer wir wirklich sind und definieren uns in den sozialen Netzwerken über unsere Profile, bedienen uns irgendwelcher Pseudonyme. Meine Erfahrung hat gezeigt, dass Menschen, die berühmt sind, wunderschön und materiell reich, vereinsamen. Sie entfremden sich von sich selbst. Sie leben tagein und tagaus mit einem fremden Menschen – sich selbst. Dies führt dazu, dass sie einem hübschen, aber mechanischen Wesen gleichen. Zu wirklichen, echten Gefühlen sind sie oft nicht mehr fähig. Dann geht man zu einem Psychologen und hofft, dass einem geholfen wird. Um was geht es dabei?

Es geht um nichts anderes, als darum, sich selber zu finden! Ich plädiere daher: **Finde dich und du erfährst den wahren Reichtum!** Sich selber zu spüren, sich selber zu kennen, sich selber zu lieben, bringt höchste Lebenskraft und Freude.

In meiner Vision bin ich eine Marktschreierin mit den Worten: »Beginnen Sie heute mit der besten Investition für ein sinnvolles Leben! Investieren Sie in positive Gedanken, echte Gefühle, stimmige Ansichten, gutes Verhalten, ehrliche Worte!« Diese Investition beinhaltet nur ein kleines Restrisiko – Ihr Umfeld wird Sie vielleicht nicht wiedererkennen, aber Sie erkennen Ihr Umfeld! Seien Sie bereit für Ihre Selbstinvestition und werden Sie einer der reichsten Menschen auf diesem Planeten.

FAZIT DES BUCHES

Es geht um Selbsterkenntnis und darum, sich bewusst zu werden, dass man ein Unikat ist. Sich zu erlauben, authentisch zu sein, seine »Lebensspur« zu finden und sie auch zu leben.

Finde den goldenen Faden zu dir selbst – zu deinem Leben!

Wichtiger Hinweis

Die Empfehlungen, welche in diesem Buch veröffentlicht sind, wurden von der Autorin sorgfältig geprüft und erarbeitet. Eine Garantieübernahme kann dennoch nicht erfolgen.

Des Weiteren ist eine Haftung der Verfasserin und deren Beauftragten für Personen-, Sach- und Vermögensschäden ausgeschlossen. Alle Informationen in diesem Buch sind zur persönlichen Weiter- und Fortbildung gedacht.

1. Auflage 2017

© 2017 Silvia Fink-Eisinger, Oberstdorf
Alle Rechte vorbehalten

Umschlaggestaltung, Illustration, Layout:
Wildfang Design, Anita Kleber, Oberstdorf

Lektorat:
Natalie Nicola

Satz, Druck:
Kösel GmbH & Co. KG, Krugzell
Printed in Germany

ISBN 978-3-00-057322-4

INHALT

VORWORT

ES IST SO WICHTIG SICH SELBST ZU FINDEN

!

»Wer sucht, der findet«, heißt es so schön. Aber was bedeutet das? Es scheint, dass wir uns im Leben immer irgendwie auf einer Suche befinden. Ich persönlich suchte des Öfteren meinen Autoschlüssel und meine Geldbörse. Meistens dann, wenn ich es eilig hatte. Ich bezahlte meine Suche mit Hektik, Stress und Nervosität. Das gefiel mir irgendwann nicht mehr und so beschloss ich, etwas zu unternehmen. Ich ließ ein Brett im Flur anbringen, welches nur für mich da ist. Mit einer Tafel auf der geschrieben steht: »Hurra, hier ist es!« Es funktioniert wunderbar! Schlüssel und Geldbeutel muss ich seither nicht mehr suchen und es ist ein tolles Gefühl, zu wissen, dass ich das Haus nicht mehr nach einem vorausgegangenen Schweißanfall verlassen werde. Genauso verhält es sich bei der Suche nach uns selbst.

Sind wir nicht ein Leben lang auf der Suche nach uns selbst? Ja, das Suchen und das Finden ist ein ständiger Begleiter. Wo suchen wir? Wann suchen wir?

Kehren wir zunächst zu dem Beispiel vom verlegten Autoschlüssel zurück. Welche Empfindung durchströmt uns, wenn wir ihn gefunden haben? Richtig, es ist ein Glücksgefühl. Es ist pure Erleichterung, die wir spüren. Für einen winzigen Augenblick sind wir einfach nur darüber glücklich, dass wir den Autoschlüssel in den Händen halten. In diesen Zustand der Euphorie können wir uns auch beim Finden unseres Selbst versetzen. Das ist der schönste Gipfel, den wir selbst erklimmen können. Immer wieder aufs Neue!

»Du kannst alles im Außen verlieren, nur dich selbst nicht, wenn du dich gefunden hast.«

Sich zu finden bedeutet, sich selbst der beste Freund, die beste Freundin zu sein. Es scheint mir oft eher so, als ob der Mensch sich selbst sein größter Feind ist. Er sucht unaufhaltsam bei sich nach Fehlern, Schwächen, Defiziten und Mängeln. Er sucht so intensiv danach, dass er müde, erschöpft und lustlos wird. Selbstfindung bedeutet, dass du dir deiner Einzigartigkeit bewusst wirst.

Jeder Mensch hat seine speziellen Eigenschaften, Vorstellungen und Ansichten. Diese gilt es, aus dem Inneren heraus zu LEBEN – das ist authentischer Selbstausdruck! Ich bin der Meinung, dass wir ein Leben lang immer wieder etwas Neues an uns entdecken. Solange wir aber ausschließlich den Vorstellungen und Erwartungen anderer folgen, finden wir uns nicht. Auch vergleicht sich der Mensch nur allzu gerne mit anderen. Doch der Vergleich ist fast immer der Tod des Glücklichseins.

Für mich fügt sich das Dasein aus Tausenden von Puzzleteilchen zusammen. Das Motiv des Puzzles ist das »Geheimnis«. Bei einer durchschnittlichen Altersgrenze von 82 Jahren, habe ich die Hälfte meines Lebens bereits überschritten. Ich weiß ganz genau, wie viel von meinem Puzzle bereits zusammengefügt ist. Immer wieder einmal lege ich bewusst ein Puzzleteil dazu – immer dann, wenn ich wieder etwas über mich entdeckt habe. Immer dann, wenn ich über mich etwas gelernt und begriffen habe. Vielleicht habe ich das Glück und ich kann beim Verlassen dieser Welt das letzte noch fehlende Puzzleteil hinzufügen. Doch vielleicht bleibt es auch unvollständig. Dies werde ich auf alle Fälle irgendwann erfahren. Doch bis dahin puzzle ich neugierig und fleißig weiter. Neugierig auf mich selbst und das Geheimnis **MEINES** Lebens.

Du bist kein Durchschnitt, weil du ein Unikat bist!

»Wie kommt es, dass du immer so strahlst?« werde ich oft gefragt. »Weil ich mich selbst mag!«, »Weil ich mir gefalle«, »Weil ich neugierig darauf bin, etwas Neues an mir zu entdecken.« Im Ernst, ich lasse mich täglich von dem, was ich denke, sage, fühle oder tue, begeistern! Die Gesellschaft erscheint mir manchmal wie ein großer Teigklumpen. Der große Teil der Menschen gleicht sich, lässt sich zu Marionetten formen. Sie strengen sich an, so gewöhnlich wie möglich zu sein. Sie beginnen, sich über äußere Einflüsse zu befriedigen und verlieren sich selbst dabei. Im Inneren des Wesens bleibt eine Leere, die sie unruhig und unzufrieden zurücklässt. Wir sind uns selbst fremd geworden und das ist der Grund für viele Problematiken auf der persönlichen Ebene. Wir verlieren uns im Außen und werden innerlich immer unzufrieden und unausgeglichener.

Auch ich suchte in meinen Leben oft nach Freundschaften, Arbeit, dem richtigen Stromanbieter, Restaurants. Ich suchte ein Pferd, ein passendes Zuhause, die beste Schule für meine Kinder. Ich suchte, wie gesagt, meinen Autoschlüssel, Kleider, Schuhe. Ich suchte und suchte. Ich suchte sogar das Glück. Und wenn ich das Gesuchte gefunden hatte, dann erfüllte es mich nur kurzzeitig mit Glücksgefühlen, doch recht schnell war das Gefühl auch wieder weg. Und ich machte mich erneut auf die Suche. Ich suchte oft so sehr, dass ich übersah, dass das, was ich suchte, schon da war. Natürlich suche ich auch heute noch hin und wieder etwas im Außen, doch mit dem Unterschied, dass es mich nicht mehr unausgeglichen und nervös macht, wenn ich es nicht finde. Seit ich auf dem Weg der Selbstfindung bin, ist ein latenter Dauerzustand der Zufriedenheit in mir.

Für mich gibt es neben den »Naturgesetzen« auch »Menschengesetze«, die ich aus meinen eigenen Erfahrungen abgeleitet habe. Naturgesetze werden schon in der Schule gelehrt: Das Zusammenspiel von Ebbe und Flut, die Erde dreht sich um die Sonne, die Gesetze der Schwerkraft, nach einem Blitz erfolgt ein Donner usw. Menschengesetze lernt der Mensch meist durch Bücher, Seminare und eigene Erfahrungen – in der Schule natürlich nicht. Schließlich muss man sich Wissen über chemische Zusammensetzungen, Wurzel aus 3429, physikalische Formeln und die Geschichte Amerikas aneignen. Doch gerade die Menschengesetze gilt es herauszufinden.

Kapitel für Kapitel wirst du in diesem Buch die Magie entdecken, die in diesen steckt. Wenn du dich bewusst auf den Weg der Selbstfindung begibst, wirst du unverhofft Liebenswertes finden. Folge dem goldenen Faden und du wirst Aha-Effekte erleben, indem du dich dir selbst Schritt für Schritt wieder näherst – Du fütterst dein wahres ICH!

Alle Welt redet davon, dass die Selbstliebe die Krönung der Persönlichkeitsentwicklung ist. Ja, das mag wohl stimmen. Doch damit diese Liebe entflammt, bedarf es zuerst der Selbstfindung, um damit die Selbsterkenntnis zu stärken. Die Selbstliebe wird genährt durch jedes kleine Fundstück deines Selbst. Frage dich immer wieder:

Wer warst du? Wer bist du? Wer wirst du sein?

Jedes der folgenden Kapitel lädt dich dazu ein, einen Schlüssel zu dir zu finden. Er hängt am goldenen Faden. Am Ende jeder Einheit findest du eines oder mehrere meiner persönlichen Lebenskapitel, in dem ich den jeweiligen Schlüssel gefunden habe. Aufgrund dieser »Schlüsselmomente« folge ich heute dem goldenen Faden meines Lebens! Bestimmt hast auch du schon deine Schlüsselmomente erlebt!

Du kannst die Kapitel nacheinander lesen oder immer wieder in die Kapitel springen, die dich gerade ansprechen. Du entscheidest!

Eins noch vorab, ich habe das persönliche »du« gewählt, da ich dich auf Augenhöhe, auf deiner Reise zu dir selbst, begleiten möchte.

Und nun wünsche ich dir, dass ich dich mit diesem Buch inspirieren und bestärken kann, dich selbst zu finden.

Denn DU bist das einzige, was sich zu finden lohnt.

SELBSTERFAHRUNG

Deine Erfahrungen können nur von DIR erfahren werden

Was bleibt im Leben? Was bleibt? – Es sind die Bilder der Vergangenheit. Momentaufnahmen.

Es ist deine Geschichte, die bleibt. Die Geschichte, die du erzählst.

Ich glaube fest daran, dass wir am Ende unseres Lebens das bereuen, was wir NICHT gelebt haben. »Hätte ich doch nur ...«, »Wenn es doch nur ...«, »Schade, dass ...«. sind die Worte die übrig bleiben.

Gehe in die Welt hinaus und erfahre!

Starte neue Versuche, probiere Unbekanntes aus. Trete bewusst aus deinem gewohnten Ablauf und strecke die Hand nach Abenteuern und Herausforderungen aus. Jede Erfahrung, die du machst, verleiht dir Größe, lässt dich wachsen. Du entscheidest jeden Tag: Bleibt alles beim Alten oder lebst du dich aus? Selbst, wenn du bei deinem mutigen Versuch Narben davonträgst – du hast dich gefühlt.

Wir brauchen Selbsterfahrung wie Nahrung, um uns lebendig zu fühlen. »Auf die Erfahrung hätte ich auch verzichten können«, ist ein Satz, den ich im Coaching oft zu hören bekomme. »Warum?«, frage ich dann. Die Antwort ist immer die gleiche: »Den Schmerz, die Enttäuschung hätte ich mir sparen können«. Steckt aber hinter jeder negativen Erfahrung nicht auch etwas Schönes, Positives und Gutes? Vergessen wir dies nicht allzu gern? Was auch immer die Erfahrung gewesen sein mag, du hast dich dabei selbst besser kennen gelernt.

Alles, was du erlebst, prägt deinen Charakter. Jede einzelne Erfahrung, die du machst, stärkt dein Rückgrat. Nichts aber auch rein gar nichts, ist umsonst.

Erfahrungen sind brillant.

Durch deine Erfahrungen – positive wie negative – kannst du dich selbst erkennen, du kannst wachsen, dich verändern! Alles hat zwei Seiten. Jede Situation beinhaltet das Gegensätzliche – **Ying und Yang.** Dies beachten wir leider nur in den seltensten Fällen. Haben wir etwas erfahren, ist unser Denken oft eingleisig und entsprechend fällt unser Urteil aus. Das birgt die Gefahr in sich, dass wir uns nicht gestatten, herauszufiltern, was an einer Erfahrung vielleicht auch gut oder positiv war.

Wenn wir eine schlechte Erfahrung gemacht haben, profitieren wir meist nicht wirklich davon. Stattdessen werden wir ein Stück härter, intoleranter und gefühlskälter, weil wir versuchen, uns zu schützen.

- »Beim nächsten Partner öffne ich mich nicht mehr so schnell«
- »Mein Vertrauen in die Menschheit ist gebrochen«
- »Der nächste wird dafür bezahlen«

Nun, wenn das alles ist, was du aus der Erfahrung mitnimmst und gelernt hast, dann darfst du dich auch nicht wundern oder jammern, wenn sich das Zwischenmenschliche in der Zukunft dementsprechend gestaltet. Sicherlich ist dir das Zitat bekannt: »Man muss selbst auf die heiße Herdplatte fassen, um zu erfahren, wie weh es tut«. Der Mensch lernt meist nur dazu, wenn etwas schmerzhaft ist.

Ist das wirklich so? Nach der Ernüchterung kommen oft Sätze wie:

- »Das passiert mir nie wieder«
- »Beim nächsten Mal passe ich besser auf«
- »Nie wieder lasse ich mich darauf ein«
- »Wie konnte ich nur so blöd sein«
- »Dieser Fehler passiert mir kein zweites Mal«

Oftmals wollen Erwachsene, die ihre eigenen Erfahrungen gemacht haben und ihre Schlüsse daraus gezogen haben, auch ihre Kinder vor schlechten Erfahrungen schützen. Dies ist verständlich und nachvollziehbar, doch letztendlich überflüssig. Denn Kinder werden durch ihre eigenen Erfahrungen reicher an Erkenntnissen und Erfahrungen sind NICHT übertragbar.

Wenn du etwa von einem Partner betrogen wurdest, dann ist das unumstritten schmerzlich. Doch solltest du dieses Erlebnis auf den nächsten Partner übertragen, belastest du von vornherein die neue Beziehung. Der neue Partner ist nicht nur ein anderer Mensch, sondern er ist auch anders. Mache nicht den Fehler, deinen mit negativen Erfahrungen und Empfindungen gefüllten Rucksack, einem anderen

Menschen überzuziehen. Denn schließlich möchtest du selbst doch auch nicht, dass dies mit dir gemacht wird, oder?

Deshalb ist es sehr wichtig, dass du deine Erfahrung zuerst verarbeitest und loslässt. Nimm für dich deine Erkenntnisse mit, was DIESEN einen Menschen oder DIESE vergangene Situation betrifft. Doch denke daran: Dies hat sich in der Vergangenheit abgespielt und ist somit vergangen.

Der Grund, dass ein Mensch nicht mehr vertrauen, glauben, hoffen, lieben kann, ist der, dass er seine Erfahrungen mit allen ihren Auswirkungen, nicht aufgearbeitet hat. Die Gegenwart kann nicht gelebt werden, wenn er mit Gedanken, Einstellungen und Gefühlen noch in der Vergangenheit hängt.

Bist du auch schon einmal direkt in eine neue Beziehung gesprungen und hast dich gewundert, dass du mit dem gleichen Konflikt wie zuvor konfrontiert wurdest? Sich das gleiche »Schema F« wieder abspulte? »Ich ziehe immer wieder den gleichen Typ Mann/Frau an!«

Ja, das tust du auch! Denn wie du schon sagst: DU ziehst!

Warum ist das so? Weil du nur den anderen, der dir den Schmerz zugefügt hat, be- und verurteilst – dich selbst jedoch nicht reflektierst **(siehe Kapitel Selbstreflexion)**. Du erwartest, dass beim nächsten Partner alles anders und besser wird. Du vergisst ganz, dass du dich selber mitnimmst und somit auch deine eigenen Denk- und Verhaltensmuster. Die Gegenwart findet immer jetzt statt – dich gilt es zu erfahren. Die Vergangenheit war dein Lehrer. Das was du heute erlebst, gestaltet deine Zukunft!

Bist du DU?

Viel zu oft imitieren wir andere in unserem Verhalten. Unser Sprachschatz ähnelt dem des Nachbarn, das Aussehen gleicht sich der Werbung an, die Emotionen sind einheitlich mit der Masse. Es schaut für mich aus, als ob wir alle aus einem Guss wären. Sind wir aber nicht –

werden wir nicht sein – waren wir nie! Sollte der Anspruch eines Individuums nicht der sein, dass es kein Abziehbild ist? Nicht länger die Kopie des anderen? Seinem Original treu zu bleiben?

Die Basis für eine eigene Meinung liefert die Erfahrung. Eine eigene Meinung zu haben und diese zu äußern, ist nicht leicht, solange wir noch kein Fundament aus Selbsterfahrung haben. Eine Meinung zu haben, sie zu äußern und ihr treu zu bleiben, auch wenn du damit an den Pranger gestellt wirst, zeugt von Größe – es ist dein Leben.

Schon junge Menschen trauen sich heute oft nicht mehr, eine Emotion zu zeigen, aus Angst, dadurch negativ aufzufallen. Sie haben vielleicht schlechte Erfahrungen damit gemacht! So schließen sie aber auch die Chancen positiver Erfahrungen aus.

Jede Emotion basiert auf einer Gegebenheit. Dieser Moment ist verantwortlich für deine persönliche Erinnerungskiste. Je mehr du wieder wagst, dich auf Erfahrungen einzulassen, desto mehr füllst du deine Erinnerungskiste und lernst dich selbst und andere besser kennen. Doch ohne Erfahrungen bleiben sie ungefüllt.

Emotionen zuzulassen ist Selbsterfahrung.

Ist es nicht furchtbar, sich keine Erfahrungen zu erlauben? Im Grunde bedeutet das, dass du dich gegen LEBEN entscheidest – und lieber funktionierst! Dich selbst zu erfahren, ist ein Abenteuer, das jeden Tag darauf wartet, von dir erlebt zu werden.

»Leben heißt Zeichnen ohne Radiergummi« ist ein Zitat, das mich sehr begeistert hat, als ich es zum ersten Mal hörte. Es stammt von KESS SNYDER. Bedenke, dass jedes Wort, jede Entscheidung, jede Handlung unwiderruflich in deinem Rückblick steht. Mit diesem Bewusstsein, wirst du achtsamer dir gegenüber und anderen werden können. Gestatte dir aber auch Dummheiten, Fehler, Misserfolge und Enttäuschungen. Das bedeutet, dass du reich an Geschichten bist, die du gelebt hast. Es zählt nur, wie du mit allem umgehst und was du daraus für dich erkannt hast.

Der Mensch entwickelt sich durch seine eigenen Erfahrungen weiter. Ich liebe es, in die Welt hinauszugehen und bin jeden Tag gespannt, welche Momente ich erleben darf, um mich zu erfahren. Es bleiben die emotionalen Stationen auf meinem persönlichen Lebensweg.

Mein Lebenskapitel

»Extrem – Erbarmungslos – Einzigartig«, lautete der Slogan zum ersten »Stuibenrun« am höchsten Wasserfall Tirols. »Die übertreiben aber ganz schön!«, posaunte ich großspurig als mein Mann und ich vor dem Plakat standen. »Ich weiß nicht so recht. Der Wasserfall, den wir gesehen haben, ist schon eine ziemliche Hausnummer«, meinte Andi. »Erbarmungslos? Pah! Das ist doch wohl nicht wörtlich gemeint«, entgegnete ich. »Komm lass uns anmelden und mitmachen!« Und schon war ich auf dem Weg zur Rezeption unseres Hotels.

Die Dame reichte mir gerade den Anmeldebogen, als Andi mich von der Seite anstieß und entschieden anmerkte, dass er nicht teilnehmen würde. Ich konnte es nicht glauben! Mein Mann ist ein sehr guter Läufer, aber er hatte definitiv Respekt vor diesem Marathon! Dreizehn Kilometer Hauptlauf, 728 Natur- und Stahlstufen, die vom Fuße des höchsten Wasserfalls Tirols bewältigt werden müssen. 600 Höhenmeter.

»Weißt du, Andi, es ist für mich absolut nicht relevant, welchen Platz ich dabei machen werde. Ich will mir diese Erfahrung einfach nicht entgehen lassen. Für mich war es beschlossene Sache und so ging es am nächsten Morgen auch los. »Du weißt nicht auf was du dich dabei einlässt«, sagte mir Andi als ich mir die Startnummer 6 ans Trikot heftete. »Nein, natürlich weiß ich das nicht«, antwortete ich. »Es ist ja auch das erste Mal für mich. Mir ist es einfach wichtig, dass ich mich dabei erfahre und hinterher weiß ich ein wenig mehr über mich. Unabhängig davon, was um mich herum geschieht. Ich will mit diesem Lauf meine Erinnerungskiste füllen.«

Nach dem Startsignal schossen 77 Sportler los. Ich gestehe, dass ich schon nach nur 5 Kilometern das erste Mal ans Aufhören dachte. Und dabei hatte ich noch keine einzige Stufe betreten. Es fiel mir unglaublich schwer in mein Tempo zu kommen. Ich war von Anfang an mit 10 weiteren Läufern in der Schlussgruppe. Mein Energiehund boxte mächtig gegen meinen Schweinehund. Meine Gedanken drehten sich nur noch um dieses Erlebnis.

Wenn ich jetzt aufgab, dann würde ich nie erfahren, wie es sich anfühlte, diese Treppen an diesem gigantischen Wasserfall hochzugehen. Ich würde nie nachempfinden können, was mit dem Wort »erbarmungslos« gemeint war. Später, immer wenn ich von diesem Lauf erzählen würde, wäre die Geschichte nur sehr kurz. Und aus diesem Grunde setzte ich weiter einen Fuß vor den anderen.

Ich begann mich auf meine Atmung zu konzentrieren und klopfte mir regelmäßig auf mein Sonnengeflecht, um meine Energie anzukurbeln. Das Panorama war überwältigend schön. Der Donner des Wassers war ohrenbetäubend. Die Gischt auf meinem Gesicht ließ mich wie eine Kämpferin fühlen.

»Ich bin stolz auf dich!«, rief mir Andi entgegen, als es so steil wurde, dass ich die Strecke nur noch auf alle vieren bewältigten konnte. Ich streckte ihm den Daumen nach oben entgegen, da ich unfähig war auch nur einen Ton von mir zu geben.

Im Ziel angekommen vollführte ich einen Freudentanz. Meine Füße glühten, mein Gesicht war blutrot und mein Trikot war triefend nass. Ich war für mich die Gewinnerin, obwohl ich unter den letzten 5 war. »Was für eine Erfahrung!«, rief ich aus.

Immer wieder erzähle ich davon, dass ich über mein persönliches Limit gegangen bin und welche Endorphine ich beim Zieleinlauf hatte. Durch diese, vielleicht einmalige Erfahrung, weiß ich heute ein wenig mehr über mich. Ich kann meinen Enkeln von ihrer Oma erzählen, die beim extremen »Stuibenrun« nicht aufgegeben hat. **Das war mein Schlüsselmoment.**

»Schade, dass ich mich um diese Erfahrung gebracht habe – nur weil ich so auf das Ergebnis fixiert war«, waren Andis Worte.

Erinnere Dich an Deinen Schlüsselmoment

FAZIT

Erinnerungen werden durch Erfahrungen gebaut und jeder Mensch ist sein eigener Baumeister. Das Leben kannst du nicht aus Büchern lernen – auch nicht aus diesem. Dieses Buch liefert dir lediglich eine Art Werkzeugkoffer, um dir immer wieder selbst zu begegnen und gestärkt ins Leben zu gehen. Jeder Mensch kann sein Lebensbuch schreiben. Durch die Erfahrungen können die Seiten gefüllt werden. Es wäre doch unsagbar traurig, wenn dein Buch leere Seiten vorzuweisen hätte. Leben kannst du nur durch das Leben lernen. Jede Selbsterfahrung birgt einen unermesslichen Schatz in sich.

SELBSTINITIATIVE

Hinterlasse individuelle Spuren
auf DEINEM Weg

- »Ich würde so gerne abnehmen und mehr Sport machen, aber ich schaffe es einfach nicht, den inneren Schweinhund zu überwinden.«
- »Wenn ich jemand hätte, der mich zum Laufen abholen würde, wäre es für mich einfacher.«

Vielen Menschen fällt es schwer, eigenen Antrieb zu entwickeln. Antrieb aus dem Inneren heraus – ohne von außen motiviert zu werden. Doch solange die Umsetzung eines Vorhabens von äußeren Bedingungen abhängt, sind diesem von Beginn an Grenzen gesetzt. Warum ist das so? Ganz einfach, das Außen hat Besseres zu tun, als sich um deinen persönlichen Schweinehund zu kümmern! Wenn du einen Motivator **von außen** benötigst, um deinen Motor zu starten, handelst du nicht aus dir selbst heraus. »Aber der gute Vorsatz war ja schon mal da«, wirst du jetzt vielleicht einwenden. Das ist der Satz, um sich nach einem gescheiterten Versuch nicht gar zu schlecht zu fühlen. Wichtig ist, nicht bei dieser Ausrede stehen zu bleiben, sondern herauszufinden, was dich wirklich bewegt. Warum fehlt dir die innere Kraft das umzusetzen, was du dir vorgenommen hast?

Muss »MUSS« sein?

Was brauchst du, um mit einem Vorhaben starten zu können? Was entzündet dich? Zuerst braucht es eine Idee, ein inneres Motiv, eine Vision. Wenn du nicht weißt, was du mit mehr Geld, mit einem schöneren Körper, mit einem Urlaub, mit einer anderen Arbeit usw. erleben möchtest, dann wird deine Motivation nicht lange anhalten. Doch wenn du weißt, welches Vergnügen und Erlebnis du damit verbindest, entsteht als nächstes die Lust – Lust auf Aktion, Lust auf dich selbst, Lust auf das eigene Leben.

Lust ist ein kraftvolles Wort, das Spuren hinterlässt. Doch unsere Lust ist sehr oft eingeschränkt. Die Lustlosigkeit dominiert uns Menschen. Die Lust ist durch das Denkmuster gefesselt, das sich im Wort »MUSS« ausdrückt. Solange Lust im Müssen gefangen ist, ist es fast unmöglich, dass sie sich im Menschen ausbreitet. **Du wirst nicht glauben, wie oft du an nur einem Tag das Wort muss denkst, sagst und hörst.**

Das Wort »muss« erzeugt Druck im Menschen und führt damit letztlich zu Frust. Der innere Dampfkochtopf wird durch das Wörtchen »muss« aktiviert. Es ist nur eine Frage der Zeit, bis der Topf explodiert. In unserer Gesellschaft sind wir sehr stark durch das Müssen geprägt und fühlen uns dadurch ständig manipuliert und fremdbestimmt. Was wir vergessen, ist, dass wir es zulassen. Das bedeutet im Umkehrschluss, dass wir es verändern können. Selbstinitiative beginnt mit dem Gefühl der Lust und diese Emotion benötigt das Wort »DARF«. Beginne deinen Vorsatz für deine neue Figur einmal anders: »Ich bin fähig, meinen Körper zu trainieren und ich freue mich darauf. Ich werde 4-mal in der Woche zum Joggen gehen. Ich darf jetzt abnehmen«. Du wirst schon beim Sprechen dieser Worte ein Lächeln auf dem Gesicht haben.

Sobald Selbstinitiative freigesetzt wird, entsteht Lebensfreude und mehr Lebensqualität. Du wirst lustvoll und sprühst Energie aus allen Poren, die dich nicht nur in deiner vollen Schönheit erstrahlen lässt, sondern dir gleichzeitig auch das nötige Durchhaltevermögen gibt, um deine Ziele zu erreichen.

Mache du selbst den ersten Schritt

Viele Menschen leben tagein, tagaus in ihrer Lustlosigkeit. Sie hoffen, dass sich etwas verändert, doch das soll bitteschön von außen geschehen. Irgendjemand soll das Richtige sagen und tun, sodass sich ihre persönliche Lebenssituation verbessert. Sie begeben sich freiwillig in ein selbst gebautes Gefängnis und vergessen dabei völlig, dass sie nicht nur der Insasse sind, sondern auch der Wärter. Mit Hilfe von Selbstinitiative könnten sie diesen Wärter in sich wachrufen und sich selbst befreien. Sobald sich deine Einstellung wandelt von: »Ich würde schon, doch ich kann nicht« zu »Ich will und ich kann und ich glaube an mich«, nimmt eine unbeschreibliche Wirkung ihren Lauf.

Ergreife die Initiative und übertrage nicht länger die Hoffnung, dass etwas geschieht, auf andere. Denn das kann extrem erschöpfend und zermürbend sein. Das Warten auf die Initiative der anderen, ist wie ein zäher Wurm, der sich schleichend durch dein Inneres frisst und dir Kraft raubt. Er nährt sich von deiner Hoffnung. In dir schwirren Gedanken wie: »Hoffentlich sieht, merkt der andere, was ich so sehr möchte, brauche«, »Bitte tue du doch endlich etwas.« Doch die persönliche Entwicklung kann nicht durch Fremdinitiative vorangehen – dieser Aspekt ist unumstößlich. Fremdinitiative lässt dich nicht in deine eigene Erfahrung kommen, du lernst dich selbst nicht kennen. Wenn jemand anderes für dich die Initiative ergreift, dann hat er oder sie den Mut, die Stärke, die Entscheidungskraft, die Freude in sich gefühlt – er kann durch diese Initiative reifen und wachsen. Der Beschenkte wird sich kurzzeitig freuen und ist erleichtert – doch das ist nur ein kurzer Moment und hält nicht lange an.

Warum ergreifen wir dann nicht selbst die Initiative? Selbstinitiative umzusetzen erfordert Mut. Mut, gewohnte sowie bequeme Abläufe – Routine – aufzugeben. Das ist der Samen, den du setzen darfst. Wenn jemand die Entscheidung für dich übernimmt, ist das Risiko sehr hoch, dass du nach kurzer Zeit in alte Gewohnheiten zurückfällst. Die Gefahr besteht darin, dass du dich, wenn du nicht länger von jemanden unterstützt oder motiviert wirst, dich wieder in der dir allzu bekannten Komfortzone befindest.

»Jeder ist seines Glückes Schmied«, heißt es im Volksmund und das gilt auch für die Selbstinitiative! Stelle dir vor deinem inneren Auge ein Hufeisen vor. Als Schmied wirst du viele Schläge brauchen, um es in die richtige Form zu bringen. Jeder einzelne Schlag ist mitverantwortlich, dass das Hufeisen so wird, wie du es brauchst. Jeder einzelne Schlag hat Bedeutung für dich. Immer und immer wieder schlägst du auf das Eisen ein. Es ist anstrengend, aber du als Schmied deines Glückes, gibst nicht auf. Die Schläge können Hindernisse, Hürden, Schwierigkeiten symbolisieren, denen du auf dem Weg zu deinem Ziel begegnest. Nimm sie alle auf dich, stell dich ihnen und lass dich nicht aufhalten. Es kann auch ebenso sein, dass der Schlag ohne Komplikationen verläuft. Jeder Schritt, den du gehst (ob schwer oder leicht) wird sich lohnen. Sie alle haben eine eigene Bedeutung. Es geht dabei nicht vorrangig um das Ergebnis. In der Summe bringt dich jeder Schritt an dein »Ziel« – dem Ziel zu dir selbst! Letztlich sind es die Erfahrungen **(siehe Kapitel Selbsterfahrung)**, die dich erfüllen. Denn wie heißt es so schön? »Der Weg ist das Ziel«.

Viele glauben, dass ihnen die Selbstinitiative leichter fiele, wenn ihnen ein Ergebnis garantiert würde. Doch ich glaube, dass dann die Nachhaltigkeit fehlt. Was ich damit meine? Ein Mensch, der weiß, wie es ausgeht, beachtet den Weg nicht. Es sind die Erlebnisse auf dem Weg, die ihn wachsen lassen. Hindernisse zu überwinden macht uns stolz und sorgt für die Energie, die wir brauchen, um auch die nächsten Herausforderungen zu meistern. Für ein erfülltes Leben ist es wichtig, dass du dein Denk-Programm achtsam nährst. Folgende Sätze spiegeln deine Lust auf dich und das Leben wider. Sobald du dir erlaubst, sie aus tiefer innerer Überzeugung auszusprechen, wirst du spüren, wie deine Kraft für dich, dein Leben und das Umsetzen deiner Ziele wächst:

- »Ja, ich lebe gerne«
- »Ich kann das und ich werde es tun«
- »Ab jetzt beginne ich, mir selbst zu gefallen«
- »Ich habe die Kraft, meine Ziele zu erreichen«
- »Ich brauche mich, um vorwärts zu kommen«
- »Ja, ich darf an mich denken!«
- »Ich bewege mich jeden Tag ein wenig auf mich, mein Leben und meine Ziele zu«

**Sobald du dich bewegst, bewegt sich auch dein Umfeld.
Bewegst du dich nicht, bleibt auch dein Umfeld stehen.**

Befreie dich von dem Gedanken, dass du jemand anderen für das Erreichen deiner Ziele brauchst. Klar ist es schön, mit anderen zusammenzuarbeiten, aber darum geht es nicht. Du kannst es selbst! Du alleine hast die Fähigkeit, das zu erreichen, was du erreichen willst.

Steh von der Sitzbank auf deinem inneren Bahnhof auf und steige in den Zug ein, der hereinrollt. Es sind die Chancen, die sich dir bieten, wenn du bereit bist, dich zu bewegen. Sei es dir wert, deine Potenziale zu entfalten. Lass sie keinen Tag länger verkümmern! Du trägst einen solch wunderbaren Schatz in dir selbst. Entscheide dich jetzt dazu, zu leben und unabhängig vom Außen vorwärtszugehen! Warte nicht länger ab und übernehme selbst die Verantwortung für die Veränderung, die du dir wünschst! Steh nicht länger herum, sondern sei dir bewusst, dass DU selbst die Bewegung bist, die es braucht. Ganz tief in dir drin, weißt du schon längst, wohin die Reise gehen soll.

Sobald du den ersten Schritt machst, beginnt die Bewegung. Es ist, als ob ein Staudamm in dir bricht – dein Körper wird von Glückshormonen geflutet. Selbstinitiative braucht sowohl das Wörtchen »Ja« als auch »Ich«. Wörter wie »wenn«, »aber«, »eigentlich«, »hätte« und vor allem »man« kannst du getrost weglassen. Sie schaden dir, indem sie deinen Fokus nach außen lenken und dich in die Trägheit und Leidenschaftslosigkeit bringen. Du wirst erst langfristig stolz auf dich sein können, wenn du selbst die Initiative ergriffen hast. Du hast es aus dir selbst heraus versucht – du hast dich getraut **(siehe Kapitel Selbstvertrauen)**. Du hast einen Schritt auf die Veränderung zugemacht – ja, DU! Lass nicht zu, dass die Angst vor dem Versagen, vor dem Verlust, gewinnt.

Mach dich nicht von dem Ergebnis abhängig, sondern ausschließlich von deinem Tun

Niemand wird auf lange Zeit hin etwas für dich tun können, das dich zufriedener macht. Stell dir folgendes Bild vor: Dominosteine stehen auf dem Boden. Ein kleiner, winziger Schubs reicht aus und die Reihe kommt in Bewegung. So ist es auch mit der Selbstinitiative. Veränderung beginnt mit der Entscheidung, dass DU etwas tust, dass DU etwas unternimmst, um die Situation zu verändern, dass DU aufstehst, dass DU Deinem Ziel näherkommst. DU machst den ersten, winzigen Schritt in Richtung Umsetzung.

Fragst du dich, was dann geschieht? Du wirst in die Magie eines Selbstläufers geraten. Es werden sich Türen öffnen, die bislang geschlossen geblieben sind und es werden sich Chancen auftun, von denen du nur geträumt hast. Du wirst Begegnungen haben, die dich auf dem Weg unterstützen. Wie viel Zeit, Kraft und Gedanken willst du noch in Menschen und Situationen investieren, die du nicht verändern kannst? Jedes Mal investierst du dabei Energie in etwas, das unterm Strich keine echte Bewegung bringt. Doch du bezahlst dafür einen hohen Preis: Niedergeschlagenheit, Erschöpfung und Verzweiflung. Dann bleiben eventuell nicht mehr viele Ressourcen übrig, die du in dich selbst investieren kannst. Verändere deinen Schwerpunkt und verwende die Energie, die du hast, für das einzige was du verändern und bewegen kannst: Dich!

Und: Verabschiede dich von dem Wort »Vielleicht« denn damit wird keine Veränderung beginnen.

Schweinehund gegen Energiehund

Wann beginnen die meisten Menschen damit, Selbstinitiative zu aktivieren? Richtig, wenn sie ihr Leiden nicht länger ertragen. Und das kann unter Umständen sehr lange dauern, denn die Leidensgrenze ist oft sehr hoch. Der Mensch ist fähig, sich recht gut mit seinem Leiden zu arrangieren. Irgendwann freundet er sich mit seinem Leidenszustand an. Das gewohnte Leiden gibt ihm sogar eine gewisse Sicherheit. Aber du selbst bist das Wertvollste, das du hast.

Es ist unser einziges Leben. Diese Tatsache wird im Alltag einfach zu wenig beachtet. Das ist einer der Hauptgründe, weshalb die Selbstinitiative des einzelnen Menschen einschläft. Er vernachlässigt sich und wird träge. Die Vormundschaft über sein Selbst überträgt er anderen. Wecke die Selbstinitiative in dir. Du kannst es, denn sie schläft nur – sie ist nicht tot. Das ist das Schöne an der Selbstinitiative. Du kannst sie noch so lange in einen Schlafmodus stellen, sie ist sofort und augenblicklich wieder wach und für dich da, sobald du an ihr rüttelst.

Werde dir bewusst, dass du alles tun, alles erreichen und das Unmögliche möglich machen kannst, wenn du es nur willst. Deine Selbstinitiative möchte losgelassen werden. Sie trägt dich in eine farbenfrohe Welt. Du tauchst ein in die Leichtigkeit des Seins. »Ja, ich kann!«, »Ja, ich werde!«, »Ja, ich darf!«, »Ja, ich tue!«, das sind die Wachmacher für deine Selbstinitiative. Sie bringen deinen Motor für Veränderung auf Touren. Denke nicht so viel und so oft nach, ob du etwas tun sollst, sondern tue es einfach. Vergib keine Chancen, die sich auftun, sondern ergreife sie!

Viele Menschen reden von ihrem Schweinehund, den sie nicht überwinden können. Es hört sich so an, als wäre dieser Schweinehund eine fremdartige Macht, der sie willenlos unterlegen sind. Werden sie tatsächlich ferngesteuert von einem Monster, das ihnen die Entscheidungs- und Tatkraft wegnimmt? Sie machen diesen Schweinehund für die persönliche Unfähigkeit verantwortlich. Doch wo lebt er? Hat er direkten Zugang zu ihrem Gehirn? Gräbt er sich einen Tunnel in ihre Seele? Gibt es eine ganze Armee von Schweinehunden oder hat jeder Mensch seinen eigenen? Oder gibt es nur einen für alle? Was wäre, wenn du diese Vorstellung mit einer völlig anderen Vorstellung für dich unschädlich machen könntest? Indem du dir bewusstmachst, dass der Schweinehund einen »Feind« hat. Er fürchtet sich sehr vor ihm, denn er hat so gut wie keine Chance, wenn er ihm direkt gegenübersteht. Ich spreche vom Energiehund. Du brauchst ihn nur anzustoßen und schon geht die Power los! Der Schweinehund kommt gegen diesen nicht an.

Allerdings darfst du dir natürlich erlauben, dass auch der Schweinehund mal gewinnt! Der Schweinehund gehört trotz allem liebevoll behandelt, denn auch er hat eine wichtige Funktion: Er kann dich schützen, etwa vor »zu viel des Guten«. Bitte hab nie ein schlechtes Gewissen, wenn du einmal eine Pause brauchst, sondern erlaube sie dir bewusst! Es ist sonst das schlechte Gewissen, welches dich schwächt und das nährt wiederum den Schweinehund. Es liegt in deiner Macht, deinen guten Energiehund, der Kraftvolles in dir bewirkt, mit deiner Aufmerksamkeit zu füttern. Es ist deine Entscheidung, in welcher Gesellschaft du sein willst. Mit ihm oder ohne ihn?

Mein Lebenskapitel

Als ich bekanntgab, dass ich mein ganzes Hab und Gut verkaufen und verschenken würde, um mit einem One-Way-Ticket nach L.A. zu fliegen, da wurde meine Tatkraft nicht von meinem liebenden Umfeld unterstützt. Natürlich meinte jeder es nur gut mir, indem er mich auf sämtliche Gefahren hinwies, die mein Unterfangen mit sich bringen könnte. Man wollte mich doch vor Enttäuschungen bewahren!

Die Menschen um mich herum, haben Initiative ergriffen, um mich von meinen »Hirngespinsten« – wie sie es nannten – abzubringen. Sie luden mich zum Essen ein, planten eine Überraschungsparty und gemeinsame Spaziergänge. Plötzlich hatten sie alle Zeit für mich! Sie wollten mich unbedingt von meiner Idee, mein Glück in den USA zu finden, abbringen und trieben mich dabei immer weiter in die Umsetzung meiner Idee.

Niemand interessierte sich dafür, ob ich glücklich war mit meinem Entschluss oder hieß es gut, dass ich ein Abenteuer wagte. Nein, weit gefehlt! Überall der gleiche Sprachgesang: »Auf dich wartet man sicherlich nicht in Hollywood«, »Dir geht's einfach zu gut und deshalb verlierst du den Boden unter den Füßen«, »Ohne Kontakte wirst du sehr schnell auf den Boden der Tatsachen ankommen«. Hätte ich damals auf die anderen gehört, dann hätte mich die Kraft, Euphorie und Freude verlassen, die verantwortlich dafür waren, dass meine Träume sich in Vorstellungen und konkrete Planungen formten.

Die Selbstinitiative war mein Motor. Ich war nicht bereit, aus dem sechsten Gang herunterzuschalten. Ich fühlte mich in dieser Zeit so lebendig, so richtig, und ich versprach mir, dass, gleichgültig, was geschehen würde, ich diesen Zustand öfter erleben wollte. In dem Moment, in dem ich die Entscheidung getroffen hatte, meinen Traum zu leben, bekam ich einen Energieschub, der mich handeln ließ. Ich war bereit, meine Zukunft neu zu gestalten und dies konnte ich nur, wenn ich die Initiative für eine Veränderung in der Gegenwart ergriff.

»Ich tue!«, »Ich mache!«, »Ich vertraue!«, sind die Glaubenssätze, die Tatkraft entstehen lassen. Meine Eltern brachten mich damals zum Flughafen. Und obwohl sie meine Entscheidung nicht guthießen, so

gaben sie mir doch das Gefühl, hinter mir zu stehen. Mein Vater sagte damals zu mir: »Du hinterlässt eine Lebensspur, die einmalig ist. Zu verdanken hast du das deinem Sturkopf und deiner Kraft immer wieder die Initiative zu ergreifen, um deine Träume zu realisieren«. **Das war mein Schlüsselmoment.** *Ich umarmte ihn und antwortete: »Danke, dafür habt ihr mich geboren. Das bin ich meinem Leben schuldig«.*

Als ich auf dem Flughafen L.A. ankam, hatte ich überhaupt keine Angst, sondern war erfüllt von purer Neugierde und Lebensfreude. Das Abenteuer lag vor mir und ich war bereit, mich darauf einzulassen.

FAZIT

Bist du seelisch angeschlagen, traurig, frustriert? Dann solltest DU die gegenwärtige Situation zuallererst verarbeiten und auflösen. Selbstinitiative ist der Schlüssel zu einem bewegten Dasein. Im Kern bedeutet das, dass du die Warteposition aufgibst und dich ohne Umschweife auf den Weg begibst. Warte nicht länger darauf, dass andere den ersten Schritt tun, sondern beginne damit, die Dinge umzusetzen, die dir wichtig sind. Du wirst überrascht sein, wie sich dein Wohlbefinden verändert. Du hast es in jedem Moment selbst in der Hand, dein Leben erfüllt zu gestalten. Lass dir die Chance auf ein erfolgreiches, harmonisches Leben nicht entgehen!

SELBSTVERTRAUEN

Wenn du dich traust, zu DIR ja zu sagen,
kann ein UNS entstehen

»Ich wünschte, ich hätte mehr Selbstvertrauen«, höre ich oft im Coaching. »Was würde dann geschehen?«, frage ich dann gerne nach. Die Antwort ist meist einheitlich: »Dann würde ich mehr wagen!«, »Ich würde mehr riskieren!«.

Ich glaube, dass jeder Mensch ein Urvertrauen in sich trägt. Warum begegnen mir so selten Menschen mit einem gesunden, starken und natürlichen Selbstvertrauen? Was ist während ihrer Entwicklung geschehen? Der Körper ist gewachsen, das Sprachzentrum hat sich erweitert, doch was ist mit dem Selbstvertrauen passiert?

Warum tun wir uns so schwer damit, uns selbst zu vertrauen? Es ist das Wort »trauen«, um das es hier geht. Sich zu trauen, etwas zu wagen, etwas zu riskieren, ist eine Sehnsucht, die vielleicht ein Leben lang unerfüllt in uns ist. Aber warum verharren wir dann darin, anderen Menschen mehr zu vertrauen als uns selbst? Meine Antwort ist: Weil wir uns nie richtig kennengelernt haben! Wir sind so stark mit dem Außen beschäftigt – oftmals darin verloren – dass wir zu unserem Selbst eine große Distanz aufgebaut haben. Wir geben uns kaum Zeit und Raum, uns selbst zu spüren. Herauszufinden, wer wir wirklich sind. Der Mensch hat sich vom eigenen Ich entfremdet. Wenn ich nicht weiß, wer ich bin, bin ich mir selbst ein Fremder. Somit kann ich mir auch nicht nahe sein und dann fällt es schwer, mir selbst Vertrauen zu schenken. Wer vertraut schon gerne einem Fremden?

Vertraue deiner inneren Stimme

Du hast sicher schon einmal von deiner inneren Stimme gehört? Ja? **(Siehe Kapitel Selbstausdruck)** Und hörst du auch auf das, was sie dir sagt? Deiner inneren Stimme zu lauschen, ist der direkte Weg ins Selbstvertrauen.

Deine innere Stimme ist deine Wahrheit. Sie ist ein Unikat.

Sie flüstert dir jeden Tag aufs Neue so viel Positives, Starkes, Liebevolles und Stimmiges zu. Doch was machst du meist mit deiner inneren Stimme? Du hörst nicht hin, stellst den Dialog mit dem eigenen Ich auf leise. Du setzt dir sozusagen Kopfhörer auf, die dich durch seichte Melodien, die sich unaufhörlich wiederholen, von deiner inneren Stimme ablenken. Der Text der abgespielten Lieder ist simpel: »Ich kann das nicht ..., ich schaff das nicht ..., ich erlaube mir das nicht ..., ich bin nicht wertvoll genug« – und alles immer wieder von vorne.

Deine innere Stimme entspricht deiner Natur. Sie ist so unfassbar weise. Sie sagt dir, wann du dich in Acht nehmen, wann du das Gehörte nicht glauben, wann du einen Schritt mehr oder weniger machen und wann du am besten schweigen oder reden solltest. Sie ist die Basis für dein Selbstvertrauen. Immer wenn ich meine innere Stimme höre und bereit bin zu handeln, dann ist mein Selbstvertrauen massiv und kräftig entwickelt. Das Ergebnis ist eine Erfolgsquote von nahezu 100 %! Auch deine innere Stimme ist immer da.

Wenn du verlernt hast, mit dir selbst zu sprechen, lebst du auf Abstand zu dir und dein Selbstvertrauen ist gering. Wenn du nicht weißt, was du tun sollst, kontaktierst du sehr schnell jemanden im Außen, der es dir sagen soll. Das, was der andere dir sagt, das tust du dann, selbst wenn du dabei ein merkwürdiges Gefühl hast. Dein Instinkt ist da, aber du hörst nicht hin. Wir vertrauen dem Außen – ganz nach dem Motto: »Der andere wird es schon für mich richtig machen.« So kann ich die Verantwortung dem anderen in die Schuhe schieben, falls mir etwas misslingt. Warum spielst nicht du selbst die Hauptrolle in der Szene? Selbstvertrauen braucht den Mut, etwas zu riskieren. Sätze wie: »Dem Mutigen gehört die Welt« oder »no Risk – no Fun«, »Wer nicht wagt, der darf nicht hoffen«, sind uns bestens bekannt.

Wieso vertraust du dir nicht? Lerne wieder, auf deine eigene innere Stimme zu hören und dir zu vertrauen. In der nächsten Situation, in der du nicht weißt, was du tun sollst, machst du folgendes: Nimm dir ein Blatt Papier und einen Stift und setze dich hin. Lass jede Aktion im Außen, d.h. den Kontakt zu anderen Menschen, erst einmal ruhen. Setze dich hin und beginne ruhig zu atmen – bleibe sitzen. Die Unruhe wird dich schon nach nur zwei Minuten aufstehen und zum Hörer greifen lassen wollen ... Lasse es! Bleibe sitzen, atme weiter, gönne dir gezielte fünf Minuten Atmen – atme ein und aus. Nichts weiter. Es können endlose fünf Minuten werden, doch du tust es. Du bleibst sitzen und atmest. Dann fragst du dich selbst: »Was soll ich tun? Was ist das richtige für mich?« Du atmest einfach nur weiter. Deine Stimme in dir wird dir etwas sagen. Ganz bestimmt wirst du dich hören. Vielleicht klappt es nicht beim ersten, zweiten oder dritten Versuch, da deine innere Unruhe dich umhertreibt – doch du wirst beginnen, dich zu hören.

Bleibe dabei und mache die Aufgabe immer wieder – auch wenn du keine Antwort brauchst für eine bestimmte Situation. Du kannst dich einfach nur fragen, wie es dir geht. Das, was du hören wirst, das ist DIE Wahrheit für dich. Niemand anderer kann dies für dich wissen und für dich entscheiden. Und wenn du wieder gelernt hast, mit dir selbst zu sprechen, um das zu hören, was für dich stimmig ist, wird im selben Augenblick dein Selbstvertrauen wachsen und du stehst auf und fühlst die Kraft für deine Selbstinitiative.

Mangelndes Selbstvertrauen hat damit zu tun, dass keine Auseinandersetzung mit dir selbst stattfindet

Ständig bist du auf der Suche nach Antworten im Außen. Du hörst auf das, was andere sagen und handelst danach. Die Entfremdung von sich selbst ist damit vorprogrammiert. Dein Selbstvertrauen hungert aus. Um es zu füttern, integriere die Aufgabe bitte täglich für mindestens fünf Minuten in deinen Alltag mit ein. Dein Vertrauen bekommt so die Aufmerksamkeit und Beachtung, die es so dringend benötigt. Dieser Prozess wird dein Selbstvertrauen wachsen lassen. Du wirst dich damit täglich für eine kurze Zeit mit dir selbst ins Gespräch begeben. Wirst du es dir wert sein? Falls dir das viel vorkommt, bedenke wie viel Zeit du an nur einem Tag damit verbringst, mit anderen zu sprechen.

Reflektiere, wie viel von dem, was du an einem Tag von anderen gehört hast, der Wahrheit entspricht. Wie viel davon war wirklich bedeutsam für dich? Wie viel davon resultiert aus ihrer eigenen persönlichen Erfahrung, die zwar vielleicht interessant, aber für dich keine stabile Entscheidungsgrundlage sein kann. Durch den Dialog mit deiner inneren Stimme, lernst du dich selbst kennen. Du wirst deine Bedürfnisse wieder wahrnehmen können. Spüren, was du brauchst und welches Leid du nicht länger ertragen willst. Du wirst beginnen, dir selbst schonungslos und ungeschminkt die Wahrheit zu sagen. Deine innere Stimme wird mit der Übung zunehmend lauter werden und dich auffordern: »Tue es! Stehe auf und mache es«. Zur selben Zeit wird eine unbekannte Emotion in dir entstehen: Es ist die Zuversicht!

»Ja, es wird gut gehen. Und ja, ich darf das tun. Und ja, es ist die richtige Zeit für Veränderung. Und ja, ich habe die Kraft dafür«. Durch den täglichen Dialog mit dir selbst, wird sich dein Selbstvertrauen entwickeln!

Vertraue dir selbst!

Wir vertrauen uns oft nicht, weil wir Angst davor haben, zu versagen und etwas oder jemanden mit unserer Handlung zu verlieren. Es entstehen allerhand Gedanken in uns, was alles geschehen könnte, wenn wir etwas unternehmen, uns trauen würden, etwas zu tun. Diese negativen Gedankenschleifen, die wir produzieren, gleichen einem sorgfältig gestrickten Zopfmuster. Wir nähren das Misstrauen uns selbst gegenüber und somit wird die Kraft des Misslingens genährt. Um stattdessen deine Kraft des Gelingens zu stärken, braucht dein Selbstvertrauen täglich eine Portion Aufmerksamkeit. Mit jeder zunächst scheinbar noch so unbedeutenden oder unspektakulären Handlung wird dein Selbstvertrauen wachsen.

Unternimm etwas mit dir selbst, was du üblicherweise mit jemand anderem machst. Trau dich, sei mutig und probiere es aus:

- Du gehst alleine ins Kino
- Du gehst alleine spazieren
- Du setzt dich alleine in ein Café
- Du machst alleine ein Probetraining in einem Fitnesscenter
- Du gehst alleine shoppen

- Du buchst alleine einen zweitägigen Wellness-Urlaub
- Du sprichst einen unbekannten Menschen an

Egal was es ist, du machst es alleine. Du verbringst eine Zeit lang mit dir selbst. Wenn du aber sowieso alles alleine machst, dann drehst du das ganze um und fragst jemanden, der all das mit dir unternimmt. Kollege, Nachbar, Postbote, – egal wen – Hauptsache du fragst jemanden. Verändere dein übliches Verhalten. Trau dich und lerne dich dabei selbst neu kennen! Es geht darum, dass du aus deiner dir gebauten Sicherheitswelt heraustrittst. Man nennt es auch gerne die Komfortzone verlassen. Du wirst Gefühle in dir entdecken, die dir fremd geworden sind, weil du sie zu lange vernachlässigt oder vielleicht absichtlich verdrängt hast. Auch verdrängen kann zwischendurch mal ganz gut sein, eine Zeit lang. DU entscheidest, welches Thema jetzt dran ist – in der Komfortzone zu bleiben oder herauszutreten.

Wir alle haben wohl ein Leben lang damit zu tun, unser Selbstvertrauen aufrecht zu erhalten und zu stärken. Aber es ergeben sich auch täglich neue Gelegenheiten und immer wieder Momente, in denen du dich trauen und Erfahrungen machen kannst, positive wie negative. Und keine Angst, du lernst in beiden Fällen dazu! **(Siehe Kapitel Selbsterfahrung)** Wenn du dich (noch) nicht traust, dann beginne wenigstens damit, zu dir selbst ehrlich zu sein. Füttere dein Vertrauen mit Wahrheit. Sprich mit dir! Weise dich darauf hin, wenn du dich nicht getraut hast, etwas zu tun oder etwas zu sagen oder etwas nicht getan oder etwas nicht gesagt zu haben! Verlasse die Schleife der Gewohnheit und deines automatisierten Verhaltens. Gebe dir Zeit und Raum, dich selbst besser kennenzulernen. Ehrlichkeit dir selbst gegenüber lässt dich wachsen und reifen.

Kleine Anmerkung. Wenn du einmal heiraten solltest oder dich an deine Heirat zurückerinnerst: Wem hast du mehr vertraut, dass die Verbindung gut geht? Ich wünsche dir, dass du dich bei der Antwort selbst an die erste Stelle stellst oder gestellt hast. »Ich traue mir zu, dich zu heiraten«, sollte die Ansage bei dem Bündnis heißen. Wenn nicht, dann wundere dich nicht, dass die Beziehung nicht so gelaufen ist oder laufen wird, dass du zufrieden bist. Aber keine Sorge, es ist nicht zu spät, Selbstvertrauen zu entwickeln. Mit jedem weiteren Kapitel wirst du dich selbst besser kennenlernen und in deine Kraft kommen. Jeden Tag! Du kannst dir in JEDER Beziehung jeden Tag sagen, ich traue mir zu, dich zu lieben, mit dir zu arbeiten, mit dir befreundet zu sein. Es sollte nicht »Ich hatte eine schwere Geburt und deshalb kann ich nicht ...«, oder »Meine Eltern haben mir das nie gegeben, deshalb kann ich heute auch nicht ...«, oder »Man hat mir das nie vorgelebt, also kann ich es auch nicht ...« lauten. Den Startpunkt für einen mutigen Schritt ins Unbekannte bestimmst du. Vergiss das Potenzial nicht, das du zu jeder Zeit entfalten kannst.

Mein Lebenskapitel

Als ich 10 Jahre jung war und in der vierten Klasse, konnte man sich für weiterführende Schulen anmelden. Ich war ganz begeistert von der Vorstellung auf die Realschule im nächsten Ort zu gehen. Da durfte man Bus fahren und somit machte man schon eine kleine Reise vor dem Schulalltag. Diese Vorstellung trug für mich den Geschmack der Freiheit in sich. Ich brachte das Formular nach Hause und legte es meinem Vater hin. »Ach herrje, ist es schon wieder soweit«, meinte er, als ich ihm einen Kugelschreiber brachte. Ich war das jüngste Kind von dreien und mit mehreren Jahren Abstand zu meinen Geschwistern auch das späte Nestküken. »Halt Papa, das hast du falsch gemacht!«, rief ich aus, als er bei der Rubrik »Hauptschule« ein Kreuz machte. Er schaute mich verwundert an, schüttelte den Kopf, und setzte seine Unterschrift auf das Papier. »Aber nein, da will ich nicht hingehen. Ich werde auf die Realschule gehen.« Meine Mama streichelte mir über den Kopf: »Kind, das wirst du nicht, denn wir trauen uns das nicht zu, da wir dir nicht helfen können.« »Außerdem waren deine Geschwister und auch wir auf der Hauptschule, die ist bei uns im Dorf, und da wirst auch du hingehen«, waren die Worte meines Vaters.

Wohlgemerkt, ich war 10 Jahre jung, doch die Antworten meiner Eltern waren für mich absurd. »Ihr habt mir bis jetzt beim Lernen auch nie geholfen. Das kann ich alleine und außerdem traue ich mir selber zu, die Realschule zu schaffen«. »Glaubst du denn, dass du etwas Besseres bist?«, fragte mich mein Vater. »Ja«, war meine schlichte Antwort. Anstatt mein Selbstvertrauen zu fördern, taten meine Eltern genau das Gegenteil. Für sie war es beschlossene Sache, dass ich in die fünfte Klasse der Hauptschule gehen würde.

Wenn ich frühere Schulfreundinnen aus dem Bus aussteigen sah, war ich überaus unglücklich darüber, dass ich nicht eine von ihnen sein konnte. Nach nur einem Monat Schule, erklärte uns der Lehrer, dass man sich mit dem Halbjahreszeugnis auf einer höheren Schule bewerben könne, sofern der Notendurchschnitt reichte. Damit war mein Feuer wieder entfacht und die Hoffnung keimte in mir auf, doch noch mit einem Bus zur Schule fahren zu dürfen. Ich war nicht bereit zu resignieren und meine Laune war bestens. Für meine Eltern war das ein Zeichen, dass ich mich eingelebt hätte und mein Vater fühlte sich bestätigt, dass er über andere bestimmen durfte. Als ich mein Zeugnis bekam, ging ich gleich zu meinem Lehrer und teilte ihm mit, dass er mich direkt an der Realschule anmelden könne. »Leider, Silvia, hast du nicht den erforderlichen Durchschnitt erreicht, den es nun einmal dafür braucht.« Für einen kurzen Moment war ich verzweifelt, doch mein Selbstvertrauen blieb ungebrochen. Für mich war klar, dass ich auf die Schule gehen würde und ich die nötige Leistung dafür erbringen könnte. »Was kann ich tun, damit ich auf diese Schule komme?«, fragte ich. »Nun, du könntest eine Aufnahmeprüfung machen, die allerdings recht schwer ist«, erklärte mir mein Lehrer. »Das will ich tun, ich weiß, dass ich das schaffe«. Heute wird mir das Ausmaß meines Selbstvertrauens bewusst. Es gab in mir keinerlei Misstrauen oder Zweifel. Ich vertraute mir so sehr, dass ich die Herausforderung schaffen würde.

Wieder musste ich ein Formular von meinen Eltern dafür ausfüllen lassen. Natürlich war mir klar, dass meine Eltern mich nicht unterstützen würden. Ich ging sofort am Tag der Zeugnisausgabe zum Rektor, der unweit von meinem Zuhause wohnte. Ich war bis dato noch nie bei ihm gewesen, denn sein Sohn war nicht in meiner Spiel- und Altersklasse und für meine Eltern lebten in dieser Straße eher die feineren Leute, zu denen sie nicht passen wollten. Ich klingelte und als man mir sagte, er wäre noch nicht da, wartete ich über eine Stunde auf ihn, bis er kam. Ich er-

innere mich noch sehr genau, was dann geschah. Er schaute mich an, fragte mich, wer ich sei und ich plapperte überschwänglich los, dass ich unbedingt auf seine Schule wolle. Ich zeigte ihm das Formular für die Aufnahmeprüfung. »Ja, aber warum kommst du damit denn zu mir? Das müssen deine Eltern unterzeichnen«, klärte er mich auf. »Das weiß ich doch, aber meine Eltern wollen nicht, dass ich auf die Realschule gehe. Für meine Eltern braucht es das nicht. Aber ich weiß, dass ich es schaffen werde. Bitte Herr Direktor, kommen Sie mit mir mit und erzählen Sie meinen Eltern von Ihrer tollen Schule. Bitte helfen Sie mir, dass mein Vater mir erlaubt diese Prüfung zu machen.«

Er nahm meine Hand und wir gingen zusammen zu mir nach Hause.

Meine Mutter öffnete die Türe und war sprachlos, als sie mich mit ihm sah. Sie rief sogleich nach meinem Vater. Der Direktor stellte sich vor und was er zu meinen Eltern sagte, veränderte mein Leben. »Ich habe Ihre Tochter Silvia vor ein paar Minuten kennen gelernt. Ich habe noch nie zuvor ein junges Mädchen mit solch einem Selbstvertrauen getroffen. Sie kämpft für ihren Traum auf meine Schule gehen zu dürfen. Ich finde, dass man die Silvia in ihrem Vorhaben unterstützen sollte, denn es gibt nicht viele Menschen, die trotz aller Hindernisse den Glauben an sich und an die Sache behalten.« **Das war mein Schlüsselmoment.** *Meine Mutter fing an zu weinen und mein Vater nickte nur mit dem Kopf. Ich war wohl das glücklichste Kind, als ich meinem Lehrer das unterschriebene Formular für die Aufnahmeprüfung hinlegte. »Du tust ja gerade so, als ob du schon bestanden hättest«, meinte er und für mich fühlte es sich genauso an.*

Als ich ein paar Monate später in der Schule saß, in der ich sein wollte, machte ich die Prüfung mit einem Selbstvertrauen, welches unerschütterlich war. Von 15 Schülern haben 3 die Prüfung bestanden. Meine Busfahrkarte zeigte wohl kein Kind mit mehr Stolz vor als ich.

Erinnere Dich an Deinen Schlüsselmoment

FAZIT

Kein Vertrauen ohne Selbstvertrauen. Dein Selbstvertrauen ist schon bei deiner Geburt mit dabei gewesen. Du hast es im Lauf deines Lebens nur schläfrig gemacht oder es in den hintersten Winkel deines Ichs gestellt. Du alleine - und nur du - kannst es wieder lebendig machen! Dies geht nicht auf Knopfdruck. Aber wenn du dir selbst die Chance gibst, dir kontinuierlich die Ruhe zu schenken, die du brauchst, um mit dir sprechen zu können und auf deine innere Stimme zu hören, dann erwacht das Selbstvertrauen aus seinem Dornröschenschlaf.

SELBSTKRITIK

Die Selbstkritik erzeugt Leid oder Kraft.
DU entscheidest, ob du leiden oder leben willst

Warum fällt uns das selbst zu kritisieren so leicht? Und uns selbst zu loben so schwer? Weil wir uns so unglaublich ernst nehmen! Ständig könnten wir noch bessere Leistungen erbringen. Wir glauben oftmals von uns selbst, dass wir nicht genügen. Vielleicht bist auch du sehr darauf bedacht, dir deine Schwächen und Fehler vorzuhalten und weit davon entfernt, den Fokus auf deine Stärken zu legen und das Positive hervorzukehren. Aber das darfst du, auch wenn gesellschaftlich gesehen gerade das Jammern im Trend liegt.

Selbstkritik hinterlässt Spuren im Umgang mit dir selbst und anderen. Sie zieht einen unangenehmen Gesellen in dein Leben: Die Lästerei. Doch das Über-andere-Menschen-Herziehen oder auch über das eigene bemitleidenswerte Dasein, bringt nur einen kurzen »Spaß« mit sich. Bist du bereit, dir anzuschauen, was dahintersteckt, um langfristig echte Freude in dein Leben zu bringen? Traust du dich, hinter die »Kulisse« deines Selbstmitleids zu schauen? Bist du es dir wert? **(Siehe Kapitel Selbstwert)**

Oft ziehen wir genau über die Menschen negativ her, die ein Verhalten an den Tag legen, das eines unserer eigenen Themen beinhaltet. Sie sind der Spiegel dessen, was wir an uns selbst ablehnen, als Defizit empfinden. So reagieren Menschen, die mit einer großen Portion Selbstmitleid leben, sehr stark auf andere, die folgende Merkmale aufweisen:

- Sie sind attraktiv
- Sie lachen gerne
- Sie gehen aufrecht
- Sie sind hilfsbereit
- Sie sind beliebt
- Sie sind erfolgreich
- Sie strahlen Dynamik aus
- Sie schauen anderen beim Reden in die Augen
- Sie können »nein« und »ja« frei heraus sagen
- Sie wirken losgelöst und leicht
- Sie sind Sympathieträger

Die Früchte deines Selbstmitleids

Die Selbstkritik ist ein scharfes Messer, das tiefe emotionale Verletzungen verursacht: Traurigkeit, innere Schwere, Unlust. Wenn die Seele aus dem Gleichgewicht fällt, sendet sie Signale über Körper, Gedanken oder Gefühle. Vorausgegangen ist die Selbst- und Fremdkritik. Ja, deine Seele ist fähig, Schmerz zu empfinden. Damit meine ich, dass der Mensch, wenn er zu sehr kopflastig geworden ist, sein Dasein nur über den Verstand ausrichtet. Er funktioniert perfekt, aber seine Bedürfnisse und Emotionen werden fast nicht mehr beachtet. Irgendwann kommt er in ein seelisches Ungleichgewicht. Er glaubt für nichts gut und für niemanden wertvoll genug zu sein. Ich glaube, dass der Kern eines Menschen durch ständige negative Suggestion krank wird und die Seele eines Menschen, indem er sich ständig negativ beeinflusst, aus der Balance kommt.

Das Unterbewusstsein sendet über den Körper recht schnell seine Alarmsignale aus. Sie werden vom Gehirn aber nicht als Warnschüsse gesehen, sondern in weiteren negativen Gedanken ausgedrückt. Haben die Denkschleifen, die auf negativen Glaubenssätzen beruhen, eingesetzt, verfällt der Mensch aus der Selbstkritik in Selbstmitleid. Das Gefühl, sowieso nichts tun zu können, breitet sich aus und die selbsterfüllende Prophezeiung nimmt ihren Lauf. Das Selbstmitleid bereitet den fruchtbaren Boden für Ohnmacht, Schwäche, Lustlosigkeit, Frust und Resignation. Es kann vom modernen Burnout bis hin zur Depression führen. Das Selbstmitleid ist erbarmungslos. Es kennt keine Gnade, da die Messlatte für das Leid sehr hoch angesetzt ist.

Der Mensch kann sich im Leid suhlen und tut das sogar recht häufig. Ich hatte Klientinnen und Klienten, die waren wahre Meisterinnen und Meister des Selbstmitleides. Sie zeigten mir ihre Leidensmiene offensichtlich, machten schon über ihre Körperhaltung keinen Hehl daraus, dass sie das Kreuz auf ihrem Rücken tragen und ihr Gang sah aus, als ob sie einen Zentner Blei um ihre Fußgelenke hätten. Sie stöhnten getroffen auf, wenn ich mich vorsichtig annäherte und sie den Satz: »Ja, es geht mir gut« sagen sollten. Sie nahmen sofort eine Abwehrstellung ein, wenn ich sie dazu aufforderte, einmal bewusst hinzuschauen, was sie trotz ihres Elends Positives in ihrem Leben hätten. Schluchzend, weinend und schimpfend behandelten sie ihr Selbst von der obersten Stufe der Kasteiung. Ja, damit kannten sie sich aus. Ihr Selbstmitleid gab ihnen, so grotesk es sich anhören mag, eine gewisse Sicherheit. Es war ein Umfeld, in dem sie keine Überraschungen erlebten oder mit etwas Ungewöhnlichen rechnen mussten. Sie waren Herr/Frau ihres Mitleides. Manche fürchteten sich sogar davor, dass ich ihnen das Selbstmitleid nehmen könnte, da sie ohne diese Emotion völlig verloren und verirrt dastehen würden. Ihr Hirncomputer wurde beständig mit der negativen Software genährt.

Befreie dich aus der Haut des Selbstmitleids und beginne zu LEBEN

Im Alltag wird unser Selbstmitleid ständig durch die eigenen negativen Bilder, Wörter und Emotionen gefüttert. Das hat zuvor auch wunderbar die Selbstkritik genährt. Bevor du überhaupt in den Status des Selbstmitleids gerätst, hast du die Mühle mit der kritischen Haltung dir selbst gegenüber bereits losgetreten. Ich meine damit nicht den reflektierten Blick, den du dir selber zuwirfst, um konstruktiv und effizient ein Ergebnis zu erzielen, sondern die Art von Selbstkritik, die aus dem fruchtbaren Feld der negativen Suggestion wiederum entsteht. Wir kritisieren uns täglich und loben uns selten. Bis Selbstmitleid entsteht, ist viel, viel Selbstkritik passiert. Eine Depression entsteht nicht ad hoc, sondern da war vorher lange, lange Selbstmitleid. Wenn wir die Selbstkritik frühzeitig entlarven, kommt es gar nicht erst so weit. Selbstmitleid macht aus einem Menschen keinen fröhlichen, dynamischen und lebensbejahenden Menschen – das Gegenteil ist das Fall.

Frag dich einmal selbst: *»Möchtest du leiden oder leben?«* Wenn ich diese Frage stelle, werde ich oft mit großen Augen angesehen. Meist kommt die Antwort: »Leben natürlich«. »Ach ja?«, ist dann meine Frage, »und warum hörst du dann mit deinem Selbstmitleid nicht auf, das dich doch ständig mit noch mehr Leid versorgt?« »Weil das nunmal nicht so einfach ist«, ist die häufigste Erklärung. »Ja, ich sage nicht, dass es einfach ist. Aber es ist machbar!«

Dich vom Selbstmitleid zu verabschieden, ist, wie eine alte Haut abzustreifen. Diese »Häutung« geht nicht von jetzt auf gleich, doch wird jeden Tag ein »Fetzen« mehr Haut von dir abgehen. Setze deinem Selbstmitleid bewusst Grenzen. Achte auf deine Worte! Wenn du ständig negativ über dich denkst, bist du im Leid. Wenn du stattdessen Selbstmitgefühl übst, bist du in einer wunderbaren tiefen Emotion. Beachte die Signale, die Körper, Geist und Seele aussenden. Sie sind wichtig für dich! Sie möchten dir etwas zeigen.

Wenn du die Frage »Leiden oder Leben« mit »Leben« beantwortest hast, dann hast du dich neu zu sortieren.

Selbstmitleid macht dich zu einem Gefangenen. Jeden Tag werden die Mauern um dich herum höher, massiver und undurchlässiger. Durch neue, positive Suggestionen bringst du diese Mauern zum Bröckeln. Natürlich ist es der bequemere Weg, sich dem Selbstmitleid zu überlassen. Bitte jammere dann aber nicht länger, dass sich nichts bewegt, denn dafür hast du dich ja entschieden. Durchbreche diesen Kreislauf, die Routine des Jammerns und entwickle dich weiter! Das bedeutet nicht, dass du dich nicht einmal dem Selbstmitleid hingeben darfst. Nimm dir von Zeit zu Zeit ruhig eine kurze Auszeit, lasse dich umsorgen, aber dann starte neu und kraftvoll durch. Du kannst sofort damit beginnen. Beende jeden negativen Satz mit einem positiven, auch wenn du ihn erst nicht glaubst. Wenn du ständig denkst, es geht dir nicht gut, entwickelst du auch das entsprechende Gefühl – und umgekehrt. Wie gesagt, dieser Weg ist anstrengend, aber er lohnt sich. Dein Selbstmitleid wird schrumpfen und dein Selbstwert kann endlich wieder stark werden.

Anmerkung: Lasse Vorsicht walten bei den Menschen, die dir sagen: »Es tut mir leid«. Ich kann das nicht verallgemeinern, doch oft ist es so, dass diese, die den Ausdruck so verwenden, eine Gleichgültigkeit dir, der Situation oder Angelegenheit gegenüber empfinden. »Es tut mir leid« zu hören, ändert nichts und bewirkt nichts. Wenn du das Leid eines anderen wirklich teilen möchtest, dann schenke ihm dein MITGEFÜHL und das Leid des anderen wird dadurch ein wenig gemindert. Zwischenmenschlich glaubwürdiger ist das Wort »Entschuldigung«. Es gibt dem Mitgefühl mehr Gewicht als »Es tut mir leid«.

Mein Lebenskapitel

Als wir uns unseren ersten Urlaub leisten konnten und als Familie in die Türkei flogen, da platzte ich vor Glückseligkeit. Es war genau wie in meiner Vorstellung: Gemeinsam am Strand entlanglaufen, den Kindern beim Sandburgen bauen zuschauen und ein romantischer Sonnenuntergang. Mein Bild von Perfektion konnte jetzt nur noch durch einen leidenschaftlichen Kuss unterstrichen werden.

»Dieser Moment wird unvergesslich bleiben«, hauchte ich und schaute Stephan tief in die Augen. »Ja«, sagte er, »geht mir auch so. Doch jetzt habe ich Hunger. Können wir essen gehen?« Für mich platzte in diesem Moment die Seifenblase. Ich nahm die Kinder bei der Hand und lief höchst unzufrieden mit ihnen zum Restaurant. Stephan fragte mich die ganze Zeit, was denn plötzlich los sei, aber bis auf ein schnippisches »Nichts!«, antwortete ich nicht. Die Stimmung war frostig bis eiskalt und ich verfiel in Selbstmitleid. Ich machte mich zu einer traurigen und tragischen Figur. In meinem »Kopfkino« übernahm ich die Rolle der ungeliebten Ehefrau. Mein Mann schaute den hübschen Frauen nach, die noch keinerlei Schwangerschaftszeichen auf ihren Körpern hatten.

Da ich am Strand ungeküsst geblieben war, konnte sich die Kritik an mir ausbreiten: »Ich bin eben nicht mehr interessant genug«, »Alle anderen Frauen haben die Beachtung von Stephan mehr verdient als ich«. Ich sprang regelrecht in das Meer meiner Tränen hinein. Die nächsten drei Tage verliefen ungefähr gleich. Ich sprach wenig bis gar nicht. Ich ging mit den Kindern schlafen und forderte meinen Mann auf, in die Disco zu gehen. Als er das Angebot annahm, verstärkte sich mein Leid noch mehr und ich fühlte mich bestätigt, dass er mich nicht mehr begehrte. Mein Verhalten machte nicht nur mein Leben unerträglich, sondern unser Familienurlaub litt sehr darunter.

In der vierten Nacht, als ich mich wieder einmal in den Schlaf weinen und mich zur ärmsten und unattraktivsten Frau dieses Planeten machen wollte, kam meine Tochter zu mir rüber: »Mama, ich möchte mich entschuldigen bei dir«. Ich schaute sie verwundert an und fragte sie: »Aber warum denn, mein Schatz?«. »Naja, weil du so viel weinst, da habe ich bestimmt etwas getan, was dich traurig macht.« ***Das war mein Schlüsselmoment.*** *Mir wurde klar, dass sie an sich zweifelte, wenn ihre geliebte Mama traurig war. Sie glaubte, das hätte mir ihr zu tun.*

Nachdem ich sie beruhigt hatte und sie eingeschlafen war, habe ich mich mit dem Problem auseinandergesetzt. Mir wurde bewusst, wie ungerecht ich mich Stephan gegenüber verhalten hatte. Ich hatte ihm nicht zugestanden, seine Emotionen auf seine eigene Art auszudrücken. Wenn er etwas gesagt oder getan oder nicht gesagt und nicht getan hat, wie ich es mir vorgestellt hatte, dann war ich beleidigt. Ja, ich konnte mich dann suhlen im Mitleid und das nur, weil ich nicht akzeptieren konnte, wie er sich ausdrückte oder darstellte. Meinen Hochmut wollte ich beenden. Scham überrollte mich. Ich hatte völlig vergessen, dass meine emotionale Welt nicht übertragbar ist. Ich bestand nur aus Erwartungen. Die Enttäuschungen hatten keine Berechtigung, da ich mich auf ihn übertragen habe. »Ich bin Ich und Du bist Du«, habe ich total außer Acht gelassen.

Meine Entschuldigung, die ich noch in der gleichen Nacht Stephan gegenüber ausgesprochen habe, veränderte auch nachhaltig gut unsere Beziehung. Ich habe gelernt, dass Selbstmitleid nur eine feine Ausrede ist, mich nicht ernsthaft um die Lösung meines Problems zu bemühen.

Erinnere Dich an Deinen Schlüsselmoment

FAZIT

Der Gemütszustand des Selbstmitleids kann sich so intensiv steigern, dass er sich zu einem ernsthaften Symptom ausformt. Negative Denkmuster und Gedanken führen dazu, dass sich deine Emotionen ihnen angleichen und natürlich sind die Nebenwirkungen vernichtend. Du wirst hochgradig lustlos, dein Dasein scheint jeden Sinn zu verlieren. Im schlimmsten Fall siehst du das Licht im Tunnel nur noch im Verabschieden aus dem Leben. Willst du aber lieber leben anstatt zu leiden?

SELBSTBETRUG

**Ein Selbstbetrug wird immer entlarvt.
Es ist nur eine Frage der Zeit**

Zu erfahren, dass du betrogen wurdest, ist ein schweres Los. Diese Wahrheit ist mit emotionalen Schmerzen verbunden. Die Erkenntnis, die für dich aus einem Betrug hervorgeht, ist, dass du zuvor belogen wurdest. Und meist war es nicht nur eine einzige Lüge. Das Strickmuster, das du dir über die Jahre mit einem Partner, einem Freund, einem Familienmitglied aufgebaut hast, bekommt mit einem Schlag Löcher. Es entsteht ein riesiges Knäuel der Verwicklung. Was ist/war wahr? Was nicht? Die Situation, von einem anderen Menschen betrogen zu werden oder ihn selbst zu betrügen, kennen viele. Und es ist eine Angelegenheit, die viel Leid mit sich bringt.

Nach der ersten Phase der Wut versucht man herauszufinden, warum dies geschehen konnte. Man spricht mit dem anderen, geht vielleicht gemeinsam zu einem Therapeuten oder beendet die Verbindung ein für alle Mal. Aber wie sieht das bei einem Selbstbetrug aus? Wann wird dieser aufgedeckt? Wie reagierst du, wenn du entdeckst, dass du dich selbst betrogen hast? Wie kommt ein solcher Betrug zum Vorschein? Und: Was passiert danach?

Du erntest, was du aussäst …

Vor einem Selbstbetrug ist niemand gefeit. In dem Moment, in dem der Betrug beginnt, nimmt die Scheinwelt Gestalt an. Zunächst fühlt es sich gut an. Warum solltest du dem Betrug dann überhaupt auf die Schliche kommen wollen, wenn er doch positive Emotionen hervorbringt? Wie gesagt: Zunächst! Wenn eine Lüge oder ein Betrug auf deiner Seele liegt, dann ist es nur eine Frage der Zeit bis du daran zerbrichst, die Masken fallen. Aus meiner Erfahrung als Coach kann ich sagen, dass die ersten Anzeichen oftmals körperlicher Natur sind. Das markanteste Merkmal ist der Rückenschmerz im Lendenbereich. Als ich mein Praktikum im Krankenhaus absolvierte, konnte ich mich von einem Tag auf den anderen nicht mehr bewegen. Ich hatte solche Schmerzen im Rücken. Eine Woche lag ich im Bett und durfte mich so wenig wie nur möglich bewegen. In einem Vieraugengespräch mit dem Chefarzt hat er mich gefragt, ob ich meine Arbeit mit den Patienten gerne mache. Ohne zu überlegen, sagte ich »Ja, natürlich«. Er forderte mich nochmals auf, zu antworten. Ich fing an zu weinen. »Ich ertrage es nicht, die älteren Menschen leiden zu sehen«, sprudelte es aus mir heraus. Nach diesem Gespräch war ich nach 2 Tagen frei von Rückenschmerzen. Mein Praktikum konnte ich anschließend in einem Kurhotel beenden.

Weitere Symptome können sein:

Hautausschläge, Ohrenschmerzen, Verdauungsprobleme, Magenschmerzen, Schlafstörungen und Herzprobleme.

Sobald solche Schmerzen auftreten, wird der Arzt konsultiert und man versucht über diesen Weg wieder gesund zu werden. Meine Erfahrung ist, dass du Beschwerden, die aus einem Selbstbetrug resultieren, langfristig nur über die Wahrheit beenden kannst. Die Wahrheit zu dir selbst! Dazu gehört die BEREITSCHAFT, genau hinzuschauen, ob du dich an irgendeiner Stelle in deinem Leben selbst betrügst. Die Wahrheit kann wehtun – verdammt wehtun. Es ist, als ob du eine tief sitzende Wurzel herausziehst. Ich bezeichne sie gerne als die »Selbstlügewurzel«. Wie beim Zahnarzt, der die Wurzel behandeln muss, um den Zahn zu retten, ziehst du sie, um wieder in deine »Lebensspur« zu kommen.

Wird Selbstbetrug gelebt, geht er meist übergangslos auch auf den Partner über. Du betrügst also auch deinen Partner, da du ihm ja ein Trugbild von Gefühlen und Tatsachen vorspielst! Der Selbstbetrug wird mit vielen Ausreden schöngeredet, um einer Veränderung aus dem Weg zu gehen. Das Gefährliche am Selbstbetrug: Wenn du dir etwas lang genug einredest, dann glaubst du es irgendwann. Tief innen spürst du allerdings die ganze Zeit, dass etwas nicht stimmt **(siehe Kapitel Selbstvertrauen)**. Wenn du nicht auf deine innere Stimme hörst, kommen die Krankheiten, wie oben beschrieben. Sie möchten dich auf die Schiefstellung in deinem Leben aufmerksam machen. Doch viele hören ihre innere Stimme nicht, bis die Krankheit nicht mehr zurückzuhalten ist. Daher ist die Arbeit mit der inneren Stimme für mein Coaching so zentral.

Oftmals befindet man sich jahrelang in einer Scheinwelt und findet den Ausgang zur Wirklichkeit nicht mehr, weil man mehr und mehr den Kontakt zu sich selbst verloren hat. Daher: Lerne dich und deine Seele selbst kennen. Dein Unterbewusstsein, deine Natur, dein inneres Radar wird dir zuverlässig dabei helfen, zu sehen, wo du dich selbst betrügst. Durch die ständigen Ausreden schützt du dich vor Veränderung. Doch gleichzeitig schadest du dir selbst.

Selbstbetrug ist ein Schutzmechanismus!

Er verhilft, dass man das Bestehende nicht in Gefahr bringt, auch wenn die eigene Seele leidet.

Selbstbetrug lässt eine Leere in deinem Inneren entstehen. Diese Leere kompensierst du mit etwas, sonst müsstest du dich damit beschäftigen. Du lenkst dich ab. Du deckst den Hohlraum zu und verdrängst das durch ein auffälliges Verhalten im Außen. In der Regel gelingt das eine Weile ganz gut. Recht schnell hörst du deine innere Stimme nicht mehr, die dich auf die fehlende, echte Erfüllung deines tieferliegenden Bedürfnisses hinweist. Sie ruft dich auf, die Sehnsucht zu stillen, die hinter deinem Verhalten steht. Durch das Verdrängen wird die Lüge zu deiner Wahrheit und der Selbstbetrug steht in voller Blüte.

Entdecke deine Wahrheit wieder

Ein Mensch, der seinen Selbstbetrug aufdecken möchte, erfährt selten Unterstützung. Denn das hätte zur Folge, dass andere aus ihrer bequemen Lage purzeln. Also verlangen diese, dass weiter Selbstbetrug gelebt wird. Hauptsache es bleibt alles so wie es war. Aber ist das Leben nicht kostbar genug, dass du deine wahren Bedürfnisse, Träume und Sehnsüchte lebst? Du wirst dich lebendiger fühlen, wenn du ehrlich zu dir selbst bist. Natürlich bringt es eine Veränderung mit sich, wenn du deinen Selbstbetrug nicht länger akzeptierst. Es ist die Angst vor Konsequenzen, die verhindert, dass du der Wahrheit ins Auge siehst.

Ist es das wert? Ich vergleiche den Vorgang gerne mit dem Naturschauspiel eines Tornados. Wenn ein Tornado kommt, zerstört er alles oder viel, aber danach wird wieder Neues wachsen können. Oftmals entsteht sogar Schöneres, da der Tornado neuen Samen in sich trägt. **Am Anfang ist eine Unruhe. In der Mitte totales Chaos. Am Ende entsteht eine Veränderung.** Jeder Mensch hat durch sein »Outing« die Möglichkeit, sein Leben neu zu gestalten. Vergiss nicht: »Es ist DEIN Leben! Du entscheidest, ob du das Leben mit einem Selbstbetrug leben möchtest und damit auch die Menschen um dich herum betrügst oder ob du es DIR wert bist, das Leben zu leben, das du leben möchtest.

Mein Lebenskapitel

In meiner ersten Ehe begann ich nach fünf Jahren mit dem Joggen. Wir hatten zwei kleine Kinder und ich hatte gerade meine Selbstständigkeit begonnen. Ich bin in einen wahren Laufrausch geraten. Wenn ich einen Tag nicht Joggen gehen konnte, dann fühlte ich mich unausgeglichen und unattraktiv. Also lief und lief ich, Kilometer um Kilometer. Danach fühlte sich kurzfristig alles richtig an. Doch schon am nächsten Tag trieb es mich wieder in die Laufschuhe hinein. Ich war auf der Flucht. Ich flüchtete vor meinem Selbstbetrug bzw. vor der Wahrheit, die dahintersteckte.

Eines Tages bin ich während des Laufens plötzlich stehen geblieben, kniete mitten auf einem offenen Feld nieder, und fing wie auf Knopfdruck an zu weinen. Ich weinte hemmungslos. Es brach so heftig aus mir hervor, als ob sich mein Innerstes herausschütteln wollte. Die Dogmen, die ich mir selbst auferlegt hatte, brachen auf. Ich sprengte regelrecht die festgefahrenen Glaubenssätze, die ich mir selbst auferlegt hatte. Die mächtigste Lüge, die sich dabei offenbarte, war: »Es ist doch alles bestens«. Es glich einer Explosion. Ich begann laut und unkontrolliert zu schreien.

In der Erkenntnis meines Selbstbetrugs war ich in diesem Augenblick nackt und schutzlos, ein Häufchen Elend. Nachdem ich keine Kraft mehr zum Weinen und Schreien hatte, fühlte ich mich erleichtert. »Nein«, sprudelte es aus mir heraus, »nein, nein und nein. Es ist nichts in Ordnung. Es geht mir nicht gut. Ich bin nicht glücklich in meiner Ehe. Ich will aus dieser Verbindung heraus. Ich kann nicht länger eine Ehe führen, die mir nicht gefällt.« Diese Sätze waren wie Bomben, die ich auf mich selbst warf bzw. auf das Trugbild, das ich mir aufgebaut hatte. Es hat sehr wehgetan, aber ich habe sie nicht zurückgehalten. Der Selbstbetrug hat sich durch diesen Ausbruch aufgelöst. Die Ehrlichkeit zu mir selbst bekam Raum und Platz sich auszubreiten.

Die Wahrheit, die ich so lange zurückgehalten hatte, hatte ich losgelassen. Nach diesem Vorfall bin ich nach Hause gelaufen. Nicht gejoggt. Ich bin ruhig und bewusst gegangen. In mir war alles anders. Noch hatte ich keine Vorstellung, wie ich es anstellen würde, doch das war nicht wichtig. Die Entscheidung genügte, dass ich den Selbstbetrug keinen Tag länger ertragen wollte. Am selben Abend bat ich meinen Mann zu einem Gespräch. Noch heute überkommt mich eine Gänsehaut, wenn ich mich erinnere wie ruhig und klar ich mich offenbarte. Bis dahin hatte ich noch nicht über eine Lösung nachgedacht. Als ich ihm mitteilte, dass ich die Ehe nicht länger leben möchte, war nach einem ungläubigen Schweigen seine erste Frage: »Können wir das den Kindern antun?« Und die nächste war: »Was passiert mit der Firma?« Ich fing an zu lachen.

Ich lachte genauso ungezügelt wie ich ein paar Stunden zuvor geweint hatte. Natürlich war er durch mein Verhalten verstört und wusste zuerst nicht, ob ich mir einen Spaß aus dieser sehr extremen Ansage machte. Ich stand auf, nahm ihn in den Arm und da fiel es mir wie Schuppen von den Augen: Er machte sich keine Gedanken darum, mich zu verlieren und unsere Liebe. Wir lebten wie Bruder und Schwester. ***Das war mein Schlüsselmoment.*** *Er war mittlerweile mein Freund geworden, wenn nicht gar mein bester Freund. Doch ich war schon lange nicht mehr seine Frau und er nicht mein Mann. Wir übten Sex aus Pflichtgefühl ab und zu aus, sodass wir uns hinter der Fassade »Das gehört nun mal dazu und somit ist die Ehe gut« verstecken konnten. Ich war müde, diese Lüge weiterhin zu leben. Ich hatte keine Kraft mehr die Lüge zu nähren. Wenn wir beide die Mann-Frau-Verbindung auflösten, würde sich unsere Freundschaft sogar noch stärker entwickeln können.*

Er hätte die Ehe wahrscheinlich für immer durchgezogen. Für ihn gab es nur schwarz oder weiß. Nie hätte er sich vorstellen können, dass es auch bunt sein kann. Somit begab er sich in seine Lüge. Dadurch, dass er sich sagte, dass eine Ehe mehr Pflicht als Lust sei, unterdrückte er seine persönlichen Bedürfnisse. Er kompensierte dies durch Überstunden in der Arbeit und zuhause bekam er einen Ordnungsdrang.

Seit diesem Gespräch haben wir kein einziges Mal mehr die Schwelle zwischen Mann und Frau überschritten. Wir haben jedoch weiter gemeinsame Erinnerungen geschrieben. Doch all das eben als Freunde. Die Freundschaft entwickelte sich. Jeder deckte seinen eigenen Betrug auf. Kein Zwang und keine Lüge mehr. Bis heute verbindet uns eine tiefe Freundschaft.

Unsere Kinder haben uns durch das Beenden der Scheinwelt zwar als Ehepaar verloren, uns dafür umso intensiver als Eltern gewonnen. Außerdem lebten wir ihnen Werte wie gegenseitigen Respekt und Wahrhaftigkeit vor. Wenn sie krank waren, Geburtstag feierten, im Krankenhaus eine OP vor sich hatten, ihren ersten Freund zum Essen mitbrachten, wir waren immer als ihre Eltern mit dabei!

Erinnere Dich an Deinen Schlüsselmoment

FAZIT

Wenn der Mensch seinem Umfeld mitteilt, dass er eine Veränderung anstrebt, dann ist das mit einem Tornado vergleichbar. Alles kommt durcheinander, nichts hat mehr die gleiche Ordnung wie zuvor. Wenn der Tornado vorbei ist, erkennt man das Ausmaß seiner Kraft. Zerstörung ist die Folge. Doch was passiert nach einiger Zeit? Die Natur beginnt sich zu erholen. Der Mensch baut wieder auf. Es entsteht Neues. Einen Selbstbetrug zu entlarven mag anstrengend sein, doch sich von der persönlichen Last zu befreien, ist alle Mühe wert. Das, was sich neu formt, ist auf ehrlichen Stützen gebaut. Und gleichgültig wie es aussehen mag, die Wahrheit macht es schön, ganz von alleine.

SELBSTIRONIE

Lache über dich selbst und
der Medizinschrank kann geschlossen bleiben

Selbstironie

Schon beim Schreiben dieses Wortes kann ich nicht anders als zu grinsen. Es erinnert mich an Situationen, in denen ich mich zum Kasper gemacht habe. Tollpatschige Handlungen, die einen Lacher bei den anderen, aber auch bei mir verursacht haben.

Es fühlt sich für alle Beteiligten herrlich an, wenn jemand über sich selbst lachen kann, anstatt zu fluchen. Doch das geschieht nicht so oft. Was ist stattdessen meist der Fall? Bei einem Fauxpas entsteht ein Gefühl von »Peinlichkeit«. Schamesröte zieht über das Gesicht des Verursachers und er wünscht sich am liebsten unsichtbar zu werden. Über sich selbst lachen zu können bedeutet, dass man das Außen nicht mehr so ernst nimmt. Es hat also mit innerer Gelassenheit zu tun. Und damit kann man in sämtlichen sonst als peinlich bewerteten Situationen das Kuriose und Lustige entdecken. Du bist nicht mehr so verbissen und deine Gesichtsmuskeln dürfen sich ein wenig entspannen. Die Mundwinkel bekommen dafür eine neue Aufgabe, sie zeigen nun nach oben anstatt nach unten.

Lache über dich und löse Lachen aus

Die Angst, dass andere auf die eigenen Kosten lachen könnten, ist in unserer Gesellschaft sehr groß. Wir haben Denk- und Verhaltensmuster entwickelt, um alles »richtig« zu machen. Doch daraus dürfen wir uns befreien. »Nimm's mit Humor«, ist der gutgemeinte Tipp, wenn dir etwas zustößt, das nicht mehr zu ändern ist. Aber es ist natürlich leichter gesagt als getan!

Natürlich fühlst du dich unwohl, wenn du dich schämst oder ärgerst und dann ein Lachen hörst. Du fühlst dich ausgelacht, da dir selbst eben nicht zum Lachen zumute ist. Der Schalter, den du umlegen kannst, liegt wiederum in deiner Einstellung. Es gibt ja bekanntlich immer zwei Möglichkeiten: Das Auslachen oder aber ein Mit- oder Anlachen. Wenn du Angst hast, jemand könnte dich auslachen, ziehe gleichzeitig immer in Erwägung, dass er MIT dir lachen könnte. Mit deiner Aktion Lachen könntest du den anderen vielleicht köstlich unterhalten und ihm oder ihr Freude bereiten.

Wenn du über dich selbst lachen kannst, dann ist es sehr wahrscheinlich, dass du ein Mitlachen auslöst. Man lacht MIT dir. Ihr teilt diesen lustigen Moment. Über sich selbst lachen zu können, wenn andere dabei sind, ist eine hohe Stufe auf der Leiter der Persönlichkeitsentwicklung. Man empfindet eine gewisse Gleichgültigkeit, wie die anderen über einen denken. Es entsteht eine innere Freiheit und Unabhängigkeit vom Außen, da die Meinung der anderen über sich selbst nicht oberste Priorität hat. Man nimmt sich selbst und die anderen nicht mehr so wichtig.

Lachen um des Lachens willen

Im Alltag sind viele Menschen sehr reserviert in ihrem Ausdruck, gehen oft ohne inneres Augenzwinkern an eine Sache heran. Mir scheint, das Lachen kommt hierzulande viel zu kurz und wird von den vielen »seriösen« Mienen von der Poleposition verdrängt. Lachen. Es geht um das Lachen. Laut – hemmungslos – ungehalten und nach Luft japsend.

In der Kirche spricht man zwar von Liebe und Vertrauen, aber gleichzeitig ist uns nicht gestattet zu tanzen oder zu klatschen. Wir müssen freudlos und mit ernsten Gesichtern dasitzen. Das tut uns nicht gut – es schadet uns. Solange hier keine Änderung stattfindet, ist es natürlich auch verständlich, dass der einzelne Mensch sich schwer tut, seine Emotionen zu leben, fröhlich zu sein. **Diesen Schlüsselmoment** hatte ich bereits als junges Mädchen und beschloss damals, mich aus dieser Gemeinschaft zu lösen.

An jedem Tag gibt es Momente, die etwas Lustiges in sich bergen. »Lachen ist die beste Medizin«, wissen wir alle, doch die wenigsten leben das aus. In unseren Breitengraden ist Lachen ein Ausnahmezustand. Es wäre ein Schritt in Richtung echter, nachhaltiger Lebensfreude, wenn wir wenigstens das Nutznießer-Dasein reduzieren und aufhören würden, uns auf Kosten anderer zu amüsieren.

Da gibt es nichts zu lachen

Warte nicht, bis andere etwas tun. Wage du es, den ersten Schritt zu gehen **(siehe Kapitel Selbstinitiative)**. Es kann passieren, dass das Außen zuerst merkwürdig reagiert, wenn du lauthals über dich selbst lachst. Es befremdet die anderen, weil sie eine andere Reaktion gewöhnt sind. Demzufolge könnte dein Verhalten anfänglich mit einem Kopfschütteln honoriert werden. Doch sicherlich wird es nicht lange dauern und sie lachen MIT dir. Wir wissen alle, dass Lachen ansteckend ist, wenn es echt ist.

Es könnte sein, dass du anschließend sogar ein Schulterklopfen erhältst, ein »Daumen-hoch-Zeichen«, weil es toll gefunden wurde, dass du über dich selbst lachen konntest. Aber du tust es nicht deshalb, sondern weil es dir nicht mehr so wichtig ist, was das Außen von dir denkt. Du spürst die Verbindung zu dir selbst und aus dieser Absichtslosigkeit heraus auch die Verbindung zu den anderen und mit der Welt.

Würde mehr Selbstironie in den Alltag einkehren, könnte sich das Gesicht durch Glückshormone entzerren, die durch das Lachen freigesetzt werden. Rosige Backen sorgten für ein frischeres Aussehen. Durch mehr inneres Wohlbefinden und Balance, könnte die nächste Handlung sehr viel ruhiger und klarer vollzogen werden.

Wir sind eine humorlose Gesellschaft geworden. Wir entschuldigen uns bereits für ein Lachen und halten uns die Hand vor den Mund. Wir fühlen uns peinlich berührt, wenn ein Lachen aus uns herauskommt. Wir versuchen das Lachen zu unterdrücken. Von klein an bekommt man bei der Erziehung eingetrichtert, dass über sich selbst zu lachen, dumm sei. Das Credo lautet unbarmherzig: Auf keinen Fall unangenehm auffallen. Tunlichst vermeiden, dass andere sich auf die eigenen Kosten amüsieren. Sich unter keinen Umständen »blamieren«. Und solange wir uns aus diesem Muster nicht befreit haben, fällt es uns schwer, das Außen nicht so wichtig zu nehmen.

Mich erschreckt es oft, wenn ich in die Gesichter anderer schaue. Harte Lippen, ausdruckslose Augen und hängende Gesichtsmuskeln sind allgegenwärtig. Natürlich fällt man auf wie ein bunter Hund, wenn man sich erlaubt hin und wieder vor Vergnügen einen glockenartigen Klang oder hin und wieder einen Art Grunzlaut aus sich herauszulassen. Folgende Szenerie entsteht vor meinem Auge:

Menschen bewegen sich mechanisch mit starren Gesichtern. Sie haben es eilig, keiner beachtet den anderen – alles wirkt grau. Plötzlich ertönt ein Geräusch. Es ist fremd – nicht stumpf und leblos und es hat unterschiedliche Töne. Man ist verwirrt. Die Menschen halten in ihrer Hektik inne. Sie schauen sichtlich verstört umher. Dann bilden sie einen Kreis um jemanden, halten ein paar Meter Sicherheitsabstand. Sie wittern Gefahr, fürchten sich vor Ansteckung.

Ein Mensch krümmt sich, steht in Schieflage da. Die Geräusche, die aus ihm ertönen kommen stoßweise. Er sieht aus, als ob er zwischenzeitlich nach Luft ringt. Seine Gesichtsfarbe wird auffallend rot. Flecken sind auf seinem Hals und Dekolleté erkennbar. Die Töne sind nicht klar definierbar.

Für die einen ist es ein Quietschen, Gackern und für die anderen ein Brüllen, Prusten. Er sieht verzerrt aus. Die Zunge fällt aus seinem Mund heraus, die Augen sind zu Schlitzen geformt. Die Menschen um ihn herum können nicht wegschauen. Sie sind gefesselt. Eine Mischung aus Abwehr und Faszination. Was passiert mit ihm?

Und plötzlich ertönt ein weiteres Geräusch. Zuerst beginnt es leise, wie ein Wiehern hört es sich an. Der Intensitätsgrad erhöht sich. Es bricht aus der Menge heraus. Es wird laut. Die Masse beginnt sich zu schütteln. Es ist als ob ein Staudamm aufbricht. Gewaltige Massen entladen sich. Man sieht verkrampfte Körperhaltungen, es entstehen regelrechte Anfälle. Unkontrollierbare Zuckungen gehen von den Menschen aus.

Manche liegen am Boden oder halten sich den Bauch, klopfen anderen ständig auf die Schulter. Niemand hat länger eine klare Linie. Alle lachen lauthals und ungeniert. Der Lachkrampf hat sie erfasst, Eine Leichtigkeit ist zu spüren. Sie fühlen sich wohl.

Das Menschsein hat gewonnen!

Rückblickend hat mich eine Aussage immer wieder begleitet: »Die Silvia will provozieren, um aufzufallen.« Ich habe dem so manches Mal verständnislos gegenübergestanden, denn für mich war es keine Provokation, sondern eine lustige und humorvolle Aktion oder Situation, die mich einfach zum Lachen gebracht hat.

Meine Lebenskapitel

Bevor ich auf die Bühne ging, sprach mich meine Tochter an: »Mama, warte noch, du hast einen großen Pickel auf der Nase, den musst du noch entfernen!«, und wollte mir einen Spiegel und ein Taschentuch reichen. Ich schüttelte den Kopf und sagte ihr, dass ich dazu jetzt keine Zeit mehr hätte. Mein Einsatz kam und ich moderierte meine Show. Nach etwa fünf Minuten habe ich mich im Spiegel (der auf der Bühne steht) gesehen und fing lauthals an zu lachen. Es zeigte mir ein glühendes, leuchtendes Horn mitten auf dem Nasenrücken. Ich konnte nicht mehr weiter moderieren, da der Lachanfall mich völlig überwältigte. Natürlich war dies für das Publikum befremdlich und auch mein Team fühle sich unbehaglich, da mein Lachen für niemanden erklärbar war. »Ich habe gerade diesen Pickel entdeckt, der sich in prächtiger Form präsentiert und ich amüsiere mich gerade sehr darüber«, erklärte ich prustend. Meine Tochter und mein gesamtes Team waren regelrecht geschockt, dass ich unverblümt auf diese missliche und unangenehme Tatsache hinwies, doch noch viel mehr darüber, dass ich auch noch so ungehalten darüber lachte. Das Publikum wusste erst nicht so recht wie es sich verhalten sollte, doch nachdem ich mein Lachen nicht zurückhielt, habe ich sie wohl angesteckt. Es kam mir überhaupt nicht in den Sinn mich zu schämen und alles zu tun, um mein Spiegelbild wieder pickelfrei zu bekommen. Ich bin 1,76 Meter groß und der Pickel 0,5 Zentimeter. Auf was konzentriere ich mich? Vom Verhältnis her ist es so, als würde ich mich über einen winzigen schwarzen Punkt auf einem DIN-A4-Blatt ärgern. Meine Tochter schämte sich fremd. Viele konnten sich mein Lachen über mich selbst nicht erklären, außer damit, dass ich eben provozieren wolle.

Mein Mann und ich waren beim Joggen. Die Luft fühlte sich herrlich an, die Weitsicht in die Berge war besonders und wir fühlten uns richtig fit. Natürlich waren wir bei diesem Sonnenwetter nicht die einzigen, die sich draußen bewegten. »Du hast deine Laufhose falsch herum an«, klärte mich mein Mann auf, als wir etwa zwei Kilometer gelaufen waren. Ich schaute an mir herunter und fing an zu lachen. »Jetzt verstehe ich, warum die sich heute so anders anfühlt!«, und konnte nicht aufhören zu lachen. Ich sah, dass die Innennaht sich recht dick nach außen wölbte, der Reißverschluss baumelte außen und ein großes, weißes Etikett flatterte unter der Jacke hervor. »Äh ... meinst du nicht, du solltest hinter eine Scheune gehen und dich umziehen?« Andi's Gesicht schaute bei diesen Worten überhaupt nicht belustigt drein. Ich schüttelte den Kopf: »Nein, das habe ich nicht vor. Erstens sind wir gerade gut im Lauf und zweitens stört es mich überhaupt nicht. Immer, wenn ich die Naht sehe, kann ich darüber lachen«. »Und wenn das andere sehen, ist dir das auch egal?«, setzte er nach. »Ja, klar, ich ziehe doch die Hose nicht richtig oder falsch an für andere Leute!«

Meine Freundin und ich waren in der Münchner Schickeria und schlürften genüsslich einen Cocktail. Ich suchte die Toilette auf und summte die Musik mit, die aus den Lautsprechern dieser Örtlichkeit kam. Als ich mir die Hände waschen wollte, kam ein weiterer Besucher herein, Wir schauten uns beide über den Spiegel hinweg an. »Entschuldigung, aber wenn Sie ein Mann sind und mich als Frau identifizieren, dann sind Sie auf der falschen Seite gelandet.« Er zeigte mit ausdruckslosem Gesicht auf die Pissoirs und dabei dämmerte es mir vage. »Sie meinen, dass ich mich falsch eingeordnet habe?« »Allerdings«, war seine Antwort, welches mir meinen Fauxpas verdeutlichte. Mein Lachen platzte unvermittelt heraus. Ich musste in die Hocke gehen. Lachte ich jetzt mehr über die sonderliche Miene des Mannes oder über mein Verhalten? Auf alle Fälle das Letztere! Meine Freundin fragte mich, warum das so lange gedauert habe. Und als ich ihr die Situation schilderte war ihr Kommentar: »Oh mein Gott, wie peinlich, hoffentlich erzählt er das nicht weiter«. »Hallo?«, ich klopfte ihr auf die Schulter, »hast du nicht gehört, ich hatte einen Lachanfall!« Und auch jetzt konnte ich mich nur schwer zurückhalten, die Contenance nicht wieder zu verlieren. »Ja, deshalb finde ich das ja so peinlich«, waren ihre nächsten Worte. »Schade, wirklich schade«, mehr konnte ich dazu nicht sagen und grinste weiter vor mich hin.

FAZIT

Gönne dir in deinem Alltag eine große Portion Selbstironie. Du wirst erleben, wie du andere Menschen zum Staunen bringst. Selbstironie macht unkompliziert und erhöht deine innere Zufriedenheit um ein Vielfaches. Das Motto heißt: Sich selbst und das Leben nicht so wichtig nehmen! Diese Einstellung genügt schon, um den Krawattenknoten ein wenig zu lockern. Löse die Fesseln der Ernsthaftigkeit und Humorlosigkeit! Beginne du damit, zu lächeln und zu lachen. Du wirst das Gleiche zurückerhalten. Erlaube dir immer öfter, nicht perfekt zu sein. Selbstironie ist hochgradig attraktiv. Du kannst sie dir selbst schenken. Und vergiss nicht, Lachen fördert die Gesundheit!

SELBSTAUSDRUCK

Unanfechtbar gibt es nur eine Wahrheit
und sie ist in dir selbst vorhanden.
Niemand hat das Recht,
DIR seine Wahrheit aufzudrücken

A, e, i, o, u sind die »Selbstlaute«, die man in der Schule lernt. Das heißt, sie stehen für sich, ohne für ihren Klang einen Nachbarlaut neben sich zu haben. Auch wir haben einen solchen Selbstlaut – den sogenannten Urlaut. »Urlaut? Was soll ich damit tun?«, fragst du dich jetzt vielleicht. Meine Antwort: Deinen eigenen Laut endlich freilassen! Das, was zu dir gehört, in dir ist, du aber fast nie beachtest, was sich aber sehr nach deiner Aufmerksamkeit sehnt.

Du hast es lange genug eingesperrt! Lasse den Selbst-Laut erklingen, der sich in dir auftut – je nach Stimmung. Immer lauter und immer länger. Es geht dabei nicht um falsch oder richtig, sondern um Authentizität. Traue dich, deinen eigenen Selbstlaut zu finden und ihn in die Welt zu bringen.

Befreie dich aus dem Korsett

Fällt es dir schwer, deinen Laut in die Welt ertönen zu lassen, dich selbst auszudrücken? Wenn ich dies mit meinen Klienten übe, kostet es sie am Anfang oft eine große Überwindung. Sie holen den Atem nicht aus dem Bauch, sondern aus dem Brustbereich und atmen somit kurz und flach. Wenn sie einen Laut erzeugen, ist er meist nur ganz schwach, kaum hörbar. Sie trauen sich nicht, einen Laut von sich zu geben! Du ahnst, was das für das Leben bedeutet? Im Laufe des Coachings verändert sich dies sehr schnell und es ist herrlich, wenn irgendwann ein klarer, kräftiger, schwungvoller Selbstlaut aus ihnen herausströmt.

Das Echo meiner Klientinnen und Klienten ist meist einstimmig: »Das tut so was von gut!« Ja, das liegt daran, dass sich endlich das enge Korsett lockern darf, welches wir Zeit unseres Lebens zu tragen gewöhnt sind. Das Korsett ist so eng geschnürt. Es besteht aus Aussagen wie:

- »Ich traue mich nicht, weil ...«
- »Ich würde gerne, aber ...«
- »Ich habe Angst vor ...«
- »Ich weiß nicht wie ...«

- »Ich kann nicht, weil ...«
- »Ich darf nicht, sonst ...«

Es sind diese Sätze, die dich nicht richtig atmen lassen. Das tiefe Luftholen fällt dir schwer. Das Korsett lässt es nicht zu, dass du frei atmen kannst. Doch du kannst dir diesen Raum in dir selbst in jedem Moment zurückerobern, indem du Zwänge loslässt und dich von auferlegten Dogmen und innerlichem Druck befreist. Zu Beginn ist das Ausatmen einfacher mit einem Selbstlaut. Mit der Zeit wirst du deinen persönlichen Laut formen.

Sprich mit dir!

Warum werde ich skeptisch angeschaut, wenn ich beim Spazierengehen laut mit mir spreche? Obwohl ich leiser bin als die, die sich mit ihrem Gegenüber im Gespräch befinden? Weil niemand mit sich selbst spricht! Es befremdet uns, wenn ein erwachsener Mensch dies tut. In unserer Gesellschaft wird das mit »nicht normal« gleichgesetzt. Nun, was »normal« ist oder nicht, ist ein anderes Thema. Weil es gesellschaftlich nicht angesehen ist, haben viele Menschen aufgehört und verlernt, mit sich selbst zu sprechen. Dabei ist die innere Stimme solch ein wunderschöner Klangkörper, der die schönsten Melodien hervorbringt. Die innere Stimme schreibt die emotionalsten Texte über die Liebe, das Leben und über dich.

Im Alltag hörst du deine eigenen Laute oft nicht mehr. Du schiebst sie weg, obwohl sie in dir schreien. Doch sie möchten von dir gehört werden – sie haben dir Wichtiges mitzuteilen. Die unterdrückten Laute sind Sklaven deines Korsetts. Sobald du lernst, wieder in dich hineinzuhören und mit dir selbst zu kommunizieren, kannst du dir jederzeit selbst einen Rettungsreifen zuwerfen, wenn du dich hilflos und ohnmächtig fühlst. Die Selbstlaute in dir möchten geformt werden und dir ihre Botschaft vermitteln. Nur du alleine kennst die Wahrheit. Nur du alleine kannst deine Wahrheit hören **(siehe Kapitel Selbstvertrauen)**.

Die innere Stimme ist das mächtigste Instrument, das in jedem Menschen vorhanden ist. Und wir benutzen sie so erbärmlich, nämlich gar nicht. Kinder reden ganz automatisch mit sich selbst. Im Dialog mit ihrer Welt vergessen sie die Außenwelt. Kinder praktizieren dies solange ungezwungen, bis man es ihnen verbietet. Das Wunder deines Lebens tut sich auf, wenn du in den schönsten Dialog mit dir selbst gehst. Es erfüllt dich mit deinem ganzen Sein, in dir geht die Sonne auf. Vielleicht liest es sich kitschig, doch ich kann es nicht anders beschreiben. Wenn du mit dir selbst zu sprechen beginnst, kommt dir irgendwann der Satz »Ich liebe mich« leichter über die Lippen!

Die Antworten liegen alle in dir. Du selbst bist dir der beste Lehrer, Motivator, Kritiker und Freund.

Viele Menschen haben sich heute sehr von ihrem wahren Ich entfernt. Sie verlieren sich im Außen. Bei jedem Vorkommnis greifen sie sofort zum Hörer oder fragen den, der gerade vor ihnen steht, nach dessen Meinung. Wir orientieren uns darüber, was andere denken und sagen, anstatt an uns selbst. Wir nehmen uns nicht die Zeit und den Raum, uns selbst zu fragen! Wie schade für jeden Einzelnen, der so still geworden ist, dass sein einzigartiger Laut nicht mehr zu hören ist.

Mein Lebenskapitel

Es waren einmal 4 Jahre, 3 Monate und 2 Tage in denen ich eine Geliebte war. Diese Zeit war meine größte Tragik-Komödie. So, wie die Liebe mich krönte, kreuzigte sie mich. Ich weiß noch sehr genau, als ich diesen Mann kennenlernte, flüsterte meine innere Stimme mir bereits in den ersten 3 Minuten etwas zu: »Pass auf! Er ist nicht der Mann, den du in ihm siehst«. Doch ich habe nicht auf sie hören wollen. Jedes Mal, wenn meine innere Stimme mit mir sprechen wollte, habe ich sie auf lautlos geschaltet. Ich habe mir sozusagen mentale »Kopfhörer« aufgesetzt.

Ich verbrachte meine Zeit immer öfter damit, auf diesen Mann zu warten, zu hoffen, dass er sich meldet. Meine Bauchstimme hat immer wieder versucht, mir die rosarote Brille abzunehmen. Und es gab sogar Momente, in denen ich auf sie gehört habe. Momente, in denen ich wusste, dass sie mir die Wahrheit sagt: »Das was er zu dir sagt, entspricht nicht der Realität«. In diesen Momenten war ich bereit, dieses leidige Verhältnis zu beenden, doch alle meine Vorsätze brachen wieder ein, sobald er vor mir stand und auf mich einredete. Und in jedem Augenblick, als sie sich wieder meldete und mir sagte, dass er nicht die Wahrheit spricht, da gab ich ihr einfach keine Chance zu gewinnen und das ganze Drama begann wieder von vorne.

»Geh zu ihm nach Hause und schau durch das Fenster. Du wirst erstaunt sein, welches harmonische Bild sich dir zeigen wird«, forderte mich meine innere Stimme irgendwann auf. Sie gab nämlich nicht auf – Nie! Sie ist die geborene Kämpferin. »Nein so etwas tue ich nicht und außerdem ist er mit ihr nur aus Mitleid zusammen!«, konterte mein Verstand. »Dann gehe und überzeuge dich selbst davon, dass dem nicht so ist und du wirst heute vielleicht besser schlafen können«, drängte mich meine innere Stimme weiter.

Und was soll ich sagen? Ja, sie hatte Recht. ***Das war mein Schlüsselmoment.*** *Nach einer nächtlichen Aktion, die mir genau das bestätigte, was ich die ganze Zeit geahnt hatte, konnte ich meinen Entschluss, mich endgültig von ihm zu trennen, endlich umsetzen. Durch diese Erfahrung habe ich gelernt, dass ich mit einer 100-prozentigen Wahrscheinlichkeit kein positives Ergebnis erreiche, wenn ich nicht auf meine innere Stimme höre.*

Erinnere Dich an Deinen Schlüsselmoment

FAZIT

Erinnere dich daran, dass deine innere Stimme die absolute Wahrheit ist. Sie ist deine »Göttlichkeit«, deine Vollkommenheit. Wenn du dich selbst wieder hörst, wirklich hörst, kannst du dich selbst aus der Dunkelheit, Trauer, Verzweiflung und Angst führen. Deine innere Stimme meint es immer gut mit dir! Sie ist dein Wegweiser zu einem authentischen Leben. Jeder Tag, an dem du nicht mit dir selbst sprichst, entfernt dich von dir.

SELBSTBEHERRSCHUNG

**Verliere oder behalte die Beherrschung –
beides zu deinen Gunsten**

Die Selbstbeherrschung ist dein Freund und Feind zugleich. Wenn du dich beherrschst, lässt du deinen Gefühlen keinen freien Lauf. Du hältst dich selbst im Zaum. Du unterdrückst Gefühle, Worte und Taten, die du im Nachhinein vielleicht bereuen könntest. Sich selbst beherrschen zu können und in einer Situation die Gefühle nicht hochkochen zu lassen, ist auf der einen Seite eine bewundernswerte Eigenschaft. Du bist sozusagen »Herr/Frau deiner selbst«. Bedeutet aber dann die Beherrschung zu verlieren, nicht, dass ich nicht Herr/Frau über mich war?

Vermutlich – doch war ich nicht gerade deshalb der Kapitän meines Schiffes, weil ich mich von der Zurückhaltung losgelöst habe? Du alleine entscheidest, wie du das mit der Selbstbeherrschung handhaben willst.

Alles unter Kontrolle?

Es kann unglaublich wohltuend sein, wenn du die Beherrschung verlierst und all das, was dich umtreibt, einmal in Form von Worten herauslässt. Es kann sich wie eine großartige Befreiung anfühlen, wenn du dir erlaubst, die Beherrschung loszulassen. Es kann einen Schub nach vorne in der persönlichen Entwicklung bedeuten, wenn du dir auch einmal genehmigst, aus dir herauszugehen. Ich behaupte, dass wir tendenziell viel zu oft die Selbstbeherrschung leben. Dass wir unsere Sprache, Gefühle und Handlungen viel zu oft kontrollieren. Wir sind wahre Meisterinnen und Meister darin! Doch gelebte Selbstbeherrschung ist mitverantwortlich dafür, dass wir ein Korsett um unser Bauchgehirn (Seele) **(siehe Kapitel Selbstausdruck)** geschnallt haben.

Ständig verhalten wir uns entgegen unserer Gedanken und Emotionen. Wir sind stille, leidensfähige und kleinlaute Rebellen geworden. Wenn wir mit uns alleine sind, dann kann es vorkommen, dass wir mit uns selbst schimpfen und uns beleidigen! Denn wir wissen genau, dass wir die Selbstbeherrschung gerne benutzen, um nicht zu zeigen, was in uns brodelt. Wenn wir allzu oft die Beherrschung kontrollieren und unterdrücken, kann es geschehen, dass auch hier der Körper uns Signale abgibt.

Dies kann sich etwa äußern durch:

Magendrücken. Vorhofflimmern, Kloß im Hals, Atembeschwerden, unreine Haut, Hämorriden, Gallensteine, Reizdarm.

Beflecke die weiße Weste der Selbstbeherrschung

Die weiße Weste ist vielleicht von außen betrachtet ganz nett. Es lässt den Menschen immer freundlich erscheinen: Er ist zum Beispiel ein gerngesehener Gast auf Geburtstagen, da er ein Garant dafür ist, dass er niemals unangenehm auffällt. Aber wer sich nicht erlaubt, die Beherrschung auch einmal zu verlieren, wird ein Mensch, der perfekt funktioniert und nicht für Überraschungen sorgt. Die Weste schnürt sich bei jeder Gelegenheit, die nicht zum Ausbruch genutzt wird, ein wenig enger zu. Der Mensch fühlt sich irgendwann selbst nicht mehr. Und das kann zu einer Gefahr werden. Irgendwann explodiert er unkontrolliert, da er keine Luft mehr bekommt. Wie auch, wenn die Weste ihn so sehr einengt?

Auch du wirst, wenn du dir im Laufe der Jahre eine solch enge Weste zugelegt hast, in einer Situation vielleicht einmal überreagieren und für alle Beteiligten ein nicht nachvollziehbares Verhalten an den Tag legen. Du wirst regelrecht platzen, da all die zurückgehaltenen Emotionen hinauswollen. Auf solche emotionalen Explosionen reagiert das Umfeld im Allgemeinen entsetzt, da meist keine oder kaum sichtbare Vorzeichen ausgesendet wurden.

Das Umfeld äußert dann Sätze, wie

- »um Himmels willen, der ist ja nicht wiederzuerkennen«
- »das nimmt kein gutes Ende«
- »der spinnt ja völlig«
- »da muss sich ein Arzt drum kümmern«
- »ich wusste immer schon, dass mit dem was nicht stimmt«
- »der ist ja eine Gefahr für seine Mitmenschen«

Ein Mensch, der ohne Vorwarnung seine weiße Weste ablegt und die Ketten sprengt, ist hinterher selbst am meisten verstört und verwirrt über seinen Ausbruch. Viele zittern am ganzen Körper, schwitzen, sind kurzatmig oder schluchzen hemmungslos los. Der Mensch kennt sich selbst nicht mehr und die Gefühle wechseln hin und her zwischen Scham über das unangepasste Verhalten und Unverständnis sich selbst gegenüber. Doch sobald er sich wieder beruhigt hat, wird sich etwas in ihm auftun. Er wird sich erleichtert fühlen. Es wird sich anfühlen, als ob ein riesiger Stein von seinen Schultern abgefallen ist. Er wird seinen Brustkorb öffnen und durchatmen können. Er wird beginnen, zu lächeln.

Ja, das wird er, da er durch das Loslassen der Selbstbeherrschung endlich zu sich selbst ehrlich war. Die Wahrheit nicht länger zurückzuhalten, wird ihn mit einem Glücksgefühl belohnen. Die Beschwerden, die ihn vorher belastet haben, werden weniger werden, wenn nicht ganz aufhören.

Wenn das Selbst unbeherrscht wird

Umgekehrt sollten Menschen, denen es keine Probleme macht ihre Weste zu öffnen und die bei den kleinsten Vorkommnissen aus sich herausgehen, lernen, sich auch einmal zu beherrschen. Völlige Unbeherrschtheit kann Glücksgefühle freisetzen. Doch es gibt Situationen, in denen es auch einmal wichtig sein kann, nicht sofort vehement seine Meinung darüber kund zu tun. Alle seine Gedanken auszusprechen und jedes Gefühl gleich auszudrücken, ohne kurz darüber nachgedacht zu haben, kann auch unangenehme Folgen haben. Es gilt, wie überall, das richtige Maß zu finden.

Emotionen zu Taten werden zu lassen, ohne tief durchgeatmet zu haben, kann mehr Schaden anrichten, als einem lieb ist. Es kommt immer auf die Gegebenheit an und vor allem auch darauf, welches Naturell man sonst lebt. Jemand, der dazu neigt, schnell und unüberlegt seine Beherrschung zu verlieren, der sollte achtsamer mit sich umgehen. Zum Beispiel, indem er sich das ein oder andere Mal nur auf das Atmen konzentriert und wahrnimmt, was ist, ohne zu bewerten. Und sich darin übt, Wörter wieder herunterzuschlucken, die auf der Zunge liegen.

Mein Lebenskapitel

Wir fuhren zu einem Geburtstag. Meine Tochter saß im Auto neben mir, einen Kuchen auf ihrem Schoß. Die Strecke war ohne Mittelstreifen und führte über kleine Dörfer. Mitten in einer Rechtskurve kam uns ein Pkw entgegen – auf unserer Hälfte vom Fahrweg! Im Reflex wich ich aus und lenkte den Wagen auf die Wiese neben der Fahrspur.

Tamina schrie laut auf, der Kuchen landete an der Windschutzscheibe. Mir stand durch den Schock das Adrenalin bis unter die Haarspitzen. »Was um Himmels willen!«, schrie ich auf und sah im Rückspiegel noch das Rücklicht des fremden Wagens. Ohne weiter nachzudenken wendete ich und raste dem Wagen hinterher. Kurz darauf war ich hinter ihm und gab dem Fahrer durch Lichtsignale und Hupen zu verstehen, dass er stehen bleiben solle.

Er ignorierte mich. »Mama, was tust du?«, fragte mich Tamina, nachdem ich etwa zwei Kilometer schimpfend hinter dem Wagen hergefahren war. »Er hat uns in Lebensgefahr gebracht und ich will, dass er sich für sein Verhalten entschuldigt!« Vor einer Ampel musste der Fahrer halten und ich nutzte die Gelegenheit, um vor ihm zu parken, sodass er bei Grün nicht weiterfahren konnte. Ich sprang aus dem Auto.

»Du hast nicht den Anstand, dich bei uns zu entschuldigen?«, brüllte ich ihn an. »Komm endlich aus dem Auto und stell dich deiner Verantwortung, du Idiot!« – meine Stimme überschlug sich. Ich war fest entschlossen, mir dieses Unrecht nicht gefallen zu lassen. Meine Hysterie war mir sehr wohl bewusst. Die Polizei war unterwegs und das Dilemma nahm seinen Lauf.

»Die Wahnsinnige hat mich beschimpft!«, und er zeigte auf mich. »Ja, ich gebe zu, dass ich die Beherrschung verloren und ihn gezwungen habe, sich mit mir auseinanderzusetzen, doch es gab ja auch einen massiven Grund!«, konterte ich.

Unsere Aussagen wurden notiert und anschließend fuhren die Beamten mit uns noch zu der Stelle, an der alles begonnen hatte. Die Reifenspuren waren in der Wiese deutlich sichtbar. »Sie können Anzeige erstatten«, klärte die Polizistin mich auf. Das tat ich. Der Fahrer des anderen Wagens machte eine Gegenanzeige wegen Beleidigung und Nötigung.

Nach kurzer Zeit kam ein Brief vom Staatsanwalt, der mich freundlich darauf hinwies, dass meine Anzeige fallengelassen wurde, während seiner Anzeige stattgegeben wurde. Ich durfte 1000,– € Strafe zahlen. In diesem Moment wurde ich ganz still. Selbstjustiz ist in unserem Staat nicht erlaubt! »Was soll ich in Zukunft nun machen, Mama?«, fragte mich Tamina. »Soll ich mich gegen eine Ungerechtigkeit wehren oder soll ich stillschweigend das Verhalten anderer tolerieren?«

»Sind es die 1000 Euro wert gewesen?«, wurde ich in der Folge oft gefragt. Für mich steht hier ein klares »Ja«. Für mich ist es das wert gewesen! Auch wenn ich verloren habe und sogar eine hohe Strafe für meine Selbstverteidigung bezahlt habe, würde ich wieder so handeln. Ich hätte mir ein solches Verhalten nicht gefallen lassen können, ohne etwas zu tun. Er hatte meine Tochter und mich in eine lebensgefährliche Situation gebracht. Ob es bei ihm etwas bewirkt hat, bezweifle ich, doch wenn ich resigniert oder teilnahmslos gehandelt hätte, hätte ich wahrscheinlich keinen Frieden in mir gefunden.

»Es ist wichtig, dass du weißt, dass du immer die Wahl hast. Du musst nach deinem Rechtsempfinden handeln. Auch wenn es sich unter Umständen finanziell nicht auszahlt, bleibst du dir selbst treu. Ob du dich verteidigst oder nicht, dass alleine bestimmst du mit aller Konsequenz!« Tamina schaute mich an und ich sah in ihrem Blick, dass sie stolz auf mich war. ***Das war mein Schlüsselmoment.***

FAZIT

Egal ob du deine Selbstbeherrschung verlierst oder sie zurückhältst, es ist wichtig, dass allein du darüber bestimmst. Du alleine entscheidest darüber, denn nur du weißt, was gut für dich ist. Damit übst du gleichzeitig eine Form der Selbstverteidigung. Du verteidigst dich und das, was dir wichtig ist. Und das kannst du erreichen, indem du dich bewusst dafür oder dagegen entscheidest, Selbstbeherrschung zu üben.

SELBSTZUFRIEDENHEIT

Nur über den inneren Frieden verleihst DU der Vergangenheit Glanz

Der Wunsch nach innerer Zufriedenheit schlummert wohl in jedem von uns. Inneren Frieden zu fühlen und ihn zu behalten ist ein Gipfel in der persönlichen Entwicklung. Mir kommt es so vor, als ob die Unzufriedenheit der Virus der heutigen Zeit ist und er scheint sich täglich tausendfach zu verbreiten. Die Symptome sind schon auf den ersten Blick zu erkennen: Hängende Mundwinkel, schlaffe Schultern, glanzlose Augen. Die Sprache ist monoton, es wird gejammert. Doch woher kommt die Unzufriedenheit? Was ist verantwortlich dafür, dass der Mensch seine wertvolle Lebenszeit mit diesem unguten, negativen inneren Gefühl zubringt?

»Hey Sabine, bist du auch schon so früh im Fitness-Studio?« »Ja, das Recht, etwas für mich zu tun, nehme ich mir heute raus«, ist die Antwort. »Recht hast du«, entgegnet man ihr. Sich selbst etwas Gutes zu tun ist der Kern für Selbstzufriedenheit. Doch auf das eigene Wohlbefinden nehmen wir viel zu selten Rücksicht. Schnell heißt es nämlich dann, wir seien »egoistisch«. Aber jeder Mensch hat seine individuellen Bedürfnisse. Nur, wenn diese beachtet und gelebt werden, dann kommt er in sein inneres Gleichgewicht, fühlt sich ausgeglichen, ist eher mit sich selbst und der Welt zufrieden. Um mit sich selbst achtsam umzugehen, sich zu erlauben seine Herzensbedürfnisse umzusetzen, braucht es in der heutigen Zeit Mut.

Allzu oft sind wir dazu geneigt, das eigene Ich in den Hintergrund zu drängen und ausschließlich für Andere da zu sein. So geraten wir in ein Ungleichgewicht. Deinen Energiespeicher kannst du nur langfristig aufladen, wenn du dir ab und zu auch erlaubst, das zu machen, was dir einen wohltuenden Seufzer entlockt. Natürlich empfinden wir auch ein Glücksgefühl, wenn wir für andere etwas gemacht haben, etwas, das einem anderen gut tut. Doch sollte die Waagschale ausgeglichen sein. Wenn du dich nur für das Außen engagierst, lebst du nicht nur einseitig, sondern du erwartest auch Dankbarkeit, Lob und Respekt von anderen. Dadurch kommst du in eine Abhängigkeit, die langfristig zur Unzufriedenheit führt. Anhaltende Selbstzufriedenheit gelingt, indem du deine eigenen Bedürfnisse beachtest. Das führt dazu, dass du dich harmonisch und stimmig fühlst. Warum nur ist es so schwer, dies umzusetzen?

Selbstzufriedenheit braucht die Beachtung des persönlichen Verlangens

Es ist doch widernatürlich, wenn man nur damit bestrebt ist andere Menschen zufriedenzustellen, anstatt sich das selbst auch zu gönnen. Menschen, die ständig damit beschäftigt sind, andere zu befriedigen, vernachlässigen ihr Selbst aufs Schändlichste. Meistens sind es diejenigen mit der höchsten Unzufriedenheit. Sie fühlen sich ständig in einer Stressschleife. Doch dieser Stress kommt dadurch zustande, dass sie sich verpflichtet fühlen ununterbrochen und ständig für andere in irgendeiner Form anwesend oder zuständig zu sein. »Ohne mich geht nichts«, ist die meist gesprochene Antwort auf die Frage, warum sie sich nicht einfach einmal aus einer Angelegenheit heraushalten. Sie tun sich schwer ihre Arbeit und Aufgaben abzugeben, da sie sich dadurch gebraucht und somit wertvoll fühlen. Wie staunen die Menschen, die dachten, dass ohne sie gar nichts geht, wenn sie einmal mitbekommen, wie gut es auch ohne sie läuft.

Wenn du gelernt hast, deine Bedürfnisse zu befriedigen, dann kannst du anderen etwas geben, ohne etwas zurückzuerwarten

Ein gesunder Egoismus verhilft zu einem zufriedenen Leben. Du darfst es dir erlauben, deinen Alltag zu entschleunigen! Wenn du dich nur und ausschließlich für das Außen engagierst, verlierst du den wichtigen Menschen aus den Augen: Dich! Der Mensch ist viel zu sehr damit beschäftigt, andere zufriedenzustellen und bringt mehr Zeit und Energie für andere auf. Warum nur ist das so? Weil man durch das Geben sich gebraucht und somit wertvoll fühlt. Das ist sicherlich ehrenwert und wird auch gesellschaftlich anerkannt. Doch durch meine Arbeit habe ich erkannt, dass, wenn sich die Waage nicht in einer Ebene befindet, es nur eine Frage der Zeit ist, bis der Mensch in eine Frustration und Lustlosigkeit verfällt. Was mit Unzufriedenheit beginnt, kann sogar in einen Erschöpfungszustand führen. Wenn der Betroffene dann die Diagnose Burnout erhält, beginnt er umzudenken. Erst dann wird manch einem klar, dass er etwas zu verändern hat und zwar sich selbst! Er begreift, dass er sich

- abgrenzen darf, wenn es ihm zu viel wird
- erlauben darf, Nein zu sagen
- Zeit für seine Ansprüche nehmen darf
- persönliche Wünsche erfüllen darf

Das Umfeld des Menschen, der aus der Bahn geworfen wird, reagiert fast immer verständnisvoll. Sie fordern ihn plötzlich auf, mehr an sich selbst zu denken. Ja, sie ermuntern ihn regelrecht, jetzt mal Fünfe gerade sein zu lassen oder alles nicht mehr so wichtig zu nehmen. Das nenne ich Ironie. Denn genau dieses Umfeld hat dazu beigetragen, dass der Betroffene Angst hatte, seine Selbstzufriedenheit zu steigern. Denn wenn er sich erlaubt hatte, einmal nicht für den anderen da zu sein oder etwas für ihn zu tun, dann hat man ihm gleich ein schlechtes Gewissen gemacht. Wenn du in der Angst gefesselt bleibst, dass andere dich nicht mehr mögen, wenn du etwas nicht tust, dann bist du in der Abhängigkeit vom Wohlwollen anderer gefangen. Dabei geht es nicht um dich als Mensch, sondern darum, dass du Handlungen ausführst, die für den anderen einfach bequem sind.

Wir Menschen sind harmoniebedürftig

Wir wollen mit anderen harmonisch zusammenleben. Dies bewegt uns oft dazu, nicht das zu tun oder zu sagen, was uns am Herzen liegt. Wir glauben andere mit unserer Ehrlichkeit zu verletzen. Wir achten sehr genau darauf, anderen dies nicht anzutun. Wir vergessen dabei gänzlich, dass wir uns selbst damit unzufrieden machen. Und die Unzufriedenheit wird noch schlimmer, wenn diejenigen, auf die wir Rücksicht genommen haben, uns dafür keine Wertschätzung entgegenbringen. Kein Lob. Kein Dank. Kein Honorieren. Wenn du nicht auf dein Wohlbefinden achtgibst, dann wirst du schnell zu einem Dauer-Angler und verbringst tagein, tagaus das Dasein mit der Angel in der Hand. Der Köder an der Angel steht für das Verhalten, das du an den Tag legst. Er besteht daraus:

- immer andere zu bevorzugen, nicht dich selbst
- die Opferrolle überzustreifen
- anderen die Arbeit abzunehmen

Und die Fische, die du damit fangen möchtest, sind gleichzusetzen mit den Erwartungen, die du dir von anderen erhoffst, wie

- Wertschätzung
- Anerkennung
- Beachtung
- Dankbarkeit
- Komplimente
- Respekt

Diese Reaktionen der Menschen für die man all das getan hat, wollen gefischt werden, d.h., dies sollte das Ergebnis deiner Taten sein. Du hoffst so sehr, dass das Außen dein Verlangen danach stillt. Du angelst vor dich hin und wenn du müde geworden bist und die Angel einholst, um zu sehen, welchen »Fisch« du gefangen hast, bricht jedes Mal Verdruss auf, wenn nicht die erhoffte Beute an der Angel hängt. Die Seele des Anglers wird immer übellauniger und verbitterter, da viel zu selten das erwünschte geangelt wurde, das er sich durch sein Tun erhofft hat.

Stelle dir folgende Szene vor: Auf einem Kreuzfahrtschiff brennt es. Eine Mutter mit ihren zwei kleinen Kindern steht vor der Entscheidung, wem sie den einzigen Rettungsring, den sie hat, überstreifen soll. Sie entscheidet sich für sich selbst. Sie springt mit ihren Kindern ins Wasser. Warum? Wenn sie sich selbst erst einmal in Sicherheit gebracht hat, dann hat sie beide Hände frei, um damit jeweils ein Kind zu greifen. Vermutlich kann sie so beide retten. Geht es dir gut, kannst du anderen Gutes tun ...

Mein Lebenskapitel

Als meine Kinder noch klein waren habe ich es genossen, bereits ein paar Minuten vor der offiziellen Abholzeit in den Kindergarten zu gehen. Ich habe mich eine Weile abseits gestellt und nur beobachtet, was da vor sich ging. Die jungen Menschen haben mir immer wieder gezeigt, wie einfach und direkt Kommunikation geht.

Eines Tages saß Kathrin, ein 5-jähriges Mädchen, im Schneidersitz in der Ecke. Sie tat nichts, saß nur da und schaute vor sich hin. Die anderen Kinder waren mit Spielen oder Basteln beschäftigt. Eine weitere Mama kam in den Raum. Ich hörte, wie sie ihre Tochter fragte: »Kathrin, was ist passiert?« Das Mädchen schaute seine Mutter an und antwortete: »Hallo Mama. Nichts ist passiert!« Daraufhin die Mutter: »Warum um Himmels willen sitzt du denn dann alleine in der Ecke?« Das Kind schaute sie weiterhin an und zuckte nur mir den Schultern.

Die Erwachsene hakte nach: »Alle anderen Kinder tun etwas. Du kannst doch auch etwas basteln oder mit den anderen Kindern etwas spielen.« Sie nahm die Hand des Mädchens und zog es auf. »Ich möchte nicht, dass du alleine in der Ecke sitzt. Dafür bist du nicht im Kindergarten!«, waren die Worte der Frau.

Auf mich hatte Kathrin, als sie da so in der Ecke saß, alles andere als einen traurigen Eindruck gemacht. Sie wirkte weder verstört noch unzufrieden. Warum konnte die Mutter ihr Kind nicht einfach nach seinem Gefühlszustand fragen: »Geht es dir gut?« Kathrins Antwort hätte als eine Orientierung für die Mutter dienen können. Doch für die Mutter war es unerträglich, ihre Tochter so zu sehen. ***Das war mein Schlüsselmoment.***

Leider machen wir uns oft von äußeren Umständen abhängig und beurteilen Situationen aus unserer subjektiven Perspektive. Am meisten Beachtung sollte doch die Frage bekommen, wie man sich fühlt!

FAZIT

Wir sind eine angespannte Gesellschaft geworden. Immer gehetzt und immer auf dem Sprung. Der Mensch ist innerlich ständig angespannt. Die Anspannung und das daraus resultierende Verhalten lösen sich auf, sobald du dich selbst als eine Priorität in den Tag mit einplanst. Ja, es entspannt dich wundervoll und hinterlässt eine nachhaltige Wirkung, wenn du dir gestattest, dich aus der Alltagsroutine auch einmal herauszunehmen, abzuschalten und etwas nur für dich selbst zu unternehmen! Du darfst es dir erlauben, deinen Alltag zu entschleunigen. Stelle dir öfter einmal bewusst die Frage: »Wie geht es mir?« Die Antwort wird dich wissen lassen, was zu tun ist.

SELBSTSICHERHEIT

Die Selbstsicherheit lässt es zu,
dass die Raupe sich zum Schmetterling verwandelt

Muhammed Ali sagte einmal: »Ich bin mir sicher, dass ich mir sicher bin«. Wie oft fragst du jemanden etwas und nachdem du die Antwort gehört hast, setzt du hinterher: »Bist du dir sicher?«

Es gibt nicht viele Menschen, die selbstsicher auftreten, antworten und handeln. Selbstsichere Menschen werden von der Gesellschaft meist als arrogant und überheblich bewertet. Verrückt, denn ist es nicht das, was wir alle anstreben, selbstsicher zu sein? Doch selbstsichere Menschen haben oft einen hohen Preis zu bezahlen. Sie werden von anderen eher gemieden. Es ist unfassbar, doch vor selbstsicheren Menschen hat man eher Angst als vor aggressiven. Warum ist das so?

Selbstsichere Menschen bewirken, dass der andere durch sie seine eigenen Schwächen und Defizite erkennt. Unter dem Verhalten eines aggressiven Menschen leidet man und kann darüber schimpfen und jammern, doch man wird nicht mit sich selbst konfrontiert. Ein Mensch der selbstsicher ist, wird nicht über einen großen Bekanntenkreis verfügen. Meist hat er nicht mehr als eine Handvoll Freunde, denn sein Anspruch an andere ist hoch. Er lebt Werte wie Ehrlichkeit, Echtheit und Einfachheit und erwartet dies auch von seinem Gegenüber. Doch man muss vielen Menschen begegnen, um eine solche Übereinstimmung zu finden. Mein Vater sagte einmal zu mir: »Ein Mensch für den 1+1=2 ist, solltest du zu schätzen wissen«. Meine Frage, ob das nicht immer so sei, verneinte er. »Die meisten Menschen leben und handeln nach dem Schema 1+2−1=2. Das ist kompliziert, verworren und anstrengend.«

Auch ich ertappe mich immer wieder mal dabei, dass ich mich nicht sicher fühle. Das ist ein solch ungutes Gefühl. Ich verlasse mich in diesen Momenten nicht auf meinen Instinkt, sondern orientiere mich an meinem Verstand und den Argumenten, die mir von außen vorgegeben werden. Entscheidungen, die ich aus diesem Zustand heraus treffe, sind im Nachhinein selten mit Erfolg gekrönt. Es heißt ja auch: »Mit Herz und Verstand« und nicht: »Mit Verstand und Herz«. Die Wahrheit liegt immer und ausschließlich in deinem Inneren. Wenn ich mir sicher sein möchte, dann zapfe ich meine emotionale Welt an und erst dann lasse ich den Verstand – sollte er noch wichtig sein – dazukommen. Arbeiten Gefühl und Verstand in dieser Reihenfolge zusammen, bin ich in der absoluten Selbstsicherheit.

Meine Lebenskapitel

Es war mitten in der Nacht als ich aufstand, um eine Idee aufzuschreiben, die mir im wahrsten Sinne des Wortes im Traum gekommen war. Es war Frühjahr 1999 und das Konzept, dass ich aus dieser ersten Idee entwickelte, bekam den Namen: Die Vorher/Nachher LIVE Show. Es ging darum, dass man sich von Styling-Profis ein anderes Spiegelbild machen lassen konnte. Damit hatte ich natürlich nicht das Rad neu erfunden, doch die Bedingungen waren neu: Die Teilnehmerinnen und Teilnehmer bekamen kein Mitspracherecht bei ihrem neuen Stil und keinen Spiegel bis zum Schluss.

Meinem damaligen Mann erschien diese Idee unsinnig, da er nicht glaubte, dass Menschen die Kontrolle über ihr Aussehen an Fremde übergeben würden. Für mich war aber genau das der Schlüssel zum Erfolg: »Wir treffen täglich viele Entscheidungen. Wenn wir beim Friseur sitzen, fragt uns der Friseur wie wir die Haare gerne hätten. Doch das kann doch der Kunde nicht wissen, was ihm optimal steht! Meist sieht er nach dem Friseurbesuch nicht anders aus als vorher«, war meine Erklärung. »Wenn der Mensch Vertrauen hat, dann überlässt er der Fachkraft die Entscheidung. Doch die Voraussetzung ist, dass man selbst sicher ist, mit dem, was man tut und das auch dem Gegenüber vermittelt.« Seine Skepsis konnte ich ihm nicht nehmen und ich beschloss das Konzept umzusetzen. Ich war mir sicher, dass gerade diese Bedingungen diese Show erfolgreich machen würden. Noch im gleichen Jahr wurde meine Firma Cambiare geboren.

Die Bank gab mir keinen Kredit, doch mein Vater unterstützte mich. Obwohl auch er überhaupt nichts mit meiner Idee anfangen konnte, war er sich sicher, dass ich es schaffen würde. ***Das war mein Schlüsselmoment.*** *Das spornte mich noch mehr an. Es folgte eine harte Zeit, in der ich die Show nur mäßig erfolgreich in mehreren Stadthallen in der Umgebung veranstaltete. Meine Selbstsicherheit blieb ungebrochen, auch* *wenn mein Steuerberater mir verdeutlichte, dass ich dem finanziellen Fiasko entgegenmarschierte, sollte nicht endlich ein Gewinn entstehen. Mein Glaube an die Idee zahlte sich aus. Bis heute präsentiere ich diese Show in den deutschsprachigen Ländern.*

Das gleiche Gefühl der Selbstsicherheit stellte sich 2012 bei mir ein, als ich beschloss, einen eigenen Store aufzumachen. Auch hierbei wunderte sich mein Umfeld, da ich bekanntlich keine Friseurin war. Denn in unserer Mentalität bleibt der Schuster bei seinen Leisten. Doch ich war mir bei Vertragsabschluss mit dem Vermieter sicher, dass sich dieses Konzept im ländlichen Allgäu bewähren würde. »Du hast noch nie Personal gehabt!«, »Du hast jeden Monat feste Kosten!«, »Du kennst dich in diesem Handwerk nicht aus!«, droschen die Gegenargumente auf mich ein. Ja, das hatte alles seine Berechtigung, doch die anderen hatten nicht meine innere Sicherheit. Ich war mir sicher, dass alles gelingen würde. Und somit öffne ich bis heute jeden Morgen meine Ladentüre.

Mein heutiger Mann sagte von Beginn an, dass er das Gefühl habe, mich zu kennen. Für mich war dies nicht erklärbar und ich verneinte es jedes Mal, wenn er dies äußerte. »Ich bin mir sicher, dass ich dich kenne, du bist mir so vertraut«, waren seine Worte. Irgendwann nervte es mich, da ich fest davon überzeugt war, dass er sich etwas einbildete. »Hör doch endlich auf damit. In der Zeit als ich in Oberstdorf eine Wintersaison lang arbeitete, war ich 19 Jahre jung und du mit deinen 16 Jahren warst für mich überhaupt nicht interessant!«, war meine Erklärung.

Andi war jedoch nicht umzustimmen. Eines Abends schauten wir fern und in einer Tanzszene sagte ich: »So wild tanzte ich damals auch.« Andi sprang auf und lief nervös hin und her. »Ich wusste es, ich war mir immer sicher, dass ich dich kenne!« Ich verdrehte die Augen. Andi fing an kurios durchs Zimmer zu hüpfen. »Kommt dir das nicht bekannt vor?«, fragte er mich. Mir wurde ganz mulmig. »Ja, das tut es«, antwortete ich zaghaft, »so ungefähr tanzte ich früher«. Mein Tanzstil von damals, glich einem hyperaktiven Känguru, da ich mich eigentlich nur mit Sprüngen und zappelnden Armen bewegte. Andi zog mich von der Couch. »Du bist es! Du bist das Mädchen, in das ich heimlich verliebt war!«

Natürlich verstand ich überhaupt nichts von alledem. »Du bist damals um 20.00 Uhr in die Disco ›Waldklause‹ gekommen und hast dich ungefähr eine viertel Stunde wie wild über die Tanzfläche bewegt.« Als ich das hörte, wurde mir schwindelig. »Ja, ich hatte um diese Zeit Pause. Und um meine Energie loszuwerden, habe ich ab und zu die Gelegenheit genutzt. Die Disco öffnete erst um 21.00 Uhr und so konnte ich immer noch ein wenig ungestört tanzen.« Andi küsste mich: »Ich wusste es. Du bist das Mädchen«. Ich verstand immer noch nichts. Er erklärte mir, dass er sich eines Tages mit seinem Kumpel gegen 19.30 Uhr in die Disco reingeschlichen hatte, denn sie waren ja noch nicht volljährig gewesen. Drinnen hatten sie sich in dem Gewölbekeller in der hintersten Ecke versteckt. Und da kam ich.

Als ich verstand, was er mir da erzählte, brach ich in Tränen aus. Dies war eine so ungeheuerliche Geschichte. Seine Selbstsicherheit die ganze Zeit über, beeindruckte mich sehr. Er hat nie an seinem Gefühl gezweifelt, auch wenn er keine Erklärung dafür hatte. »Ich habe mich damals in dich verschossen. Doch ich war viel zu grün hinter den Ohren und zu schüchtern, als dass ich hinter der Säule hätte hervortreten können. Irgendwann kamst du nicht mehr. Ich habe dich nie wiedergesehen.« Auch er war zutiefst gerührt. »Du warst dir immer sicher und ich habe dich nicht ernst genommen.« ***Das war mein Schlüsselmoment.*** *Seitdem frage ich ihn oft: »Was sagt dein Gefühl? Bist du dir sicher?« Und wenn Andi daraufhin ja sagt, gibt es für mich auch keinen Zweifel mehr.*

Erinnere Dich an Deinen Schlüsselmoment

FAZIT

Auch Menschen, die selbstsicher sind, sind es nicht ständig. Sie fallen immer mal wieder aus ihrer Sicherheit heraus. Dann bekommen sie zu hören: »Dass DU nicht weißt, was zu tun ist!« Aber selbstsicher zu sein, ist kein Zustand, der dauerhaft vorhanden ist. Es ist eine tägliche Herausforderung, da es immer neue Momente und andere Situationen gibt. Ein selbstsicherer Mensch ist sich dessen bewusst und gestattet sich, auch mal unsicher zu sein. Dadurch aktiviert er seine Selbstsicherheit sofort wieder!

SELBSTREFLEXION

**Es gibt kein schöneres Bild von dir selbst als das,
was du im Spiegel sehen möchtest**

Wenn du dich regelmäßig selbst reflektierst wird vieles einfacher. Selbstreflexion bedeutet, dass du dich mit dir selbst auseinandersetzt. Das ist jedoch nicht des Menschen Lieblingsbeschäftigung, denn es ist anstrengend, sein eigenes Denken und Verhalten zu analysieren. Es bedarf eines hohen Anspruchs an sich selbst.

Mühelos gelingt es uns, unser Umfeld zu bewerten. Beinahe ständig sind wir damit beschäftigt, Fremdreflexion auszuüben. Doch mit jedem ausgestreckten Zeigefinger zeigen drei Finger auf dich selbst! Du selbst hast drei Mal mehr mit dem Thema zu tun! Würden wir uns nur halb so viel Zeit für unsere persönliche Reflexion nehmen, wie für die des Verhaltens anderer, dann könnte manch einer sein eigener Coach sein.

Was hast DU gemacht?

Selbstreflexion bedeutet sein eigenes Selbst zu überprüfen. Doch sehr viel leichter fällt es uns oft, uns mit dem Fehl-Verhalten anderer auseinanderzusetzen. Also, was bringt es dir, wenn du dich selbst reflektierst? Viel! Du kannst dich dadurch weiterentwickeln. Du wächst in dir! Du alleine kannst für dich entscheiden, ob du Handlungen in Zukunft verändern möchtest oder nicht. Du bist dadurch in einem ständigen Wachstumsprozess. Durch Selbstreflexion bewegst du dich und alles ist in Bewegung. Du forderst dich selbst immer wieder aufs Neue heraus.

Wenn du vor einem Gespräch Selbstreflexion übst, verläuft es von Beginn an konstruktiver. Wenn du etwa zu Beginn eine Entschuldigung aussprichst, nimmst du einem Schlagabtausch von vornherein die Wucht und vermittelst die Botschaft: »Ich weiß, was ich hätte besser machen können.« Damit nimmst du viel negative Energie aus der Konfliktsituation heraus. Deine Entschuldigung wird aufrichtig sein, wenn du dein Verhalten reflektiert hast und es wird bei dem Gespräch mehr um die Sache selbst gehen können.

Durch die Selbstreflexion kannst du für dich herausfiltern, warum es überhaupt zu diesem Vorfall kam und was in Zukunft von deiner

Seite aus besser gemacht werden könnte. Du kannst das Gespräch einleiten mit: »Schön, dass wir darüber sprechen wollen. Ich bin ernsthaft an einer Lösung interessiert.« Ebenso hilfreich wie die Selbstreflexion im Vorfeld des Gesprächs ist dein Gesichtsausdruck. Wenn du mit einem ehrlichen Lächeln in die Situation gehst, entkrampft sie sich. Durch die Selbstreflexion wirst du sachlicher bleiben und ruhiger sprechen können.

Dein Sympathiewert steigt auf alle Fälle

Für mich gehört zu meinen täglichen Ritualen dazu, mich selbst zu reflektieren. Wie Zähne putzen, Kaffee trinken, Apfel essen ... Ja, es gehört zu meinem Leben dazu. Schaue einmal am Tag in den Spiegel, nicht um deine Haare oder das Make-up zu überprüfen, sondern um dir eine Weile in die Augen zu schauen und somit in deine Seele. Gefällt dir dieser Mensch? Selbstreflexion erhöht die Wahrnehmung für dich selbst um ein Vielfaches. Du verlierst dich nicht mehr so schnell im Außen. Die Beschuldigungen von anderen verlieren einiges an Wirkung.

Selbstreflexion setzt allerdings ein hohes Maß an Disziplin voraus. Es mag – oberflächlich gesehen – einfach mehr Spaß machen, über andere zu lästern, als sich ernsthaft mit sich selbst zu beschäftigen. **Wenn du allerdings kein Mittelmaß sein möchtest und einen hohen Anspruch an dich selber hast, dann ist ein tägliches Reflektieren wichtig.**

Selbstreflexion schützt dich wunderbar vor Selbstbetrug. Ebenso schützt sie dich vor einem Burnout. Durch die Reflexion erkennst du, dass die Richtung in die du dich bewegst, nicht die Beste ist. Du hältst an und kehrst um, bevor es zu spät ist. Durch Reflexion sensibilisierst du dich für dein eigenes Ich. Du gehst feinfühliger mit dir um und kommst dir selber nahe. Du schärfst deine Sinne, indem du lernst, dir besser zuzuhören und dich klarer zu betrachten.

Dein Geruchssinn wird dir verraten, ob du dich riechen kannst. Dein Geschmack orientiert sich an deinem Gefallen, nicht etwa an

Werbung oder der Meinung anderer Leute. Außerdem wirst du dich selbst intensiver berühren, weil es dir Freude macht, dich zu spüren. Du wirst dich selbst insgesamt besser wahrnehmen. Du wirst mit dir selbst so viel zu tun haben, dass das, was andere tun, für dich gar nicht mehr so wichtig sein wird.

Dich selbst zu fühlen, bringt dich in ein inneres Gleichgewicht. Wenn du über dich selbst Bescheid weißt, dann kann man dir auch nicht so schnell ein X für ein U vormachen. Du lässt dich nicht mehr so einfach aufs Glatteis führen und dich verunsichern. Dein Selbstbild wird attraktiver, wenn du an dir Schönes wahrnimmst. Entdecke dich. Höre auf, dich mit anderen zu vergleichen, denn das führt zu einem verzerrten Selbstbild. Du wirst dir gefallen mit zunehmender Betrachtung.

Mein Lebenskapitel

Kavala – eine schöne Hafenstadt in Nordgriechenland. 1983 verbrachte ich dort vier Monate. Warum? Weil es mir Spaß machte! Zu dieser Zeit hatte ich noch keine Ausbildung. Meine Lehre zur Hotelfachfrau hatte ich kurz zuvor abgebrochen, da für mich am ersten Berufsschultag unwiderruflich feststand, dass das Eindecken von mehreren Bestecken für mich nicht verlockend für die Zukunft war.

Meine damalige Freundin war Griechin und sie hatte mir von Kavala in den schönsten Farben vorgeschwärmt. So beschloss ich kurzerhand, den Sommer dort zu verbringen. Das Dach des Hauses, das ich dort anmietete, war an manchen Stellen weggebrochen, die Kellerasseln hatten bereits ihre Gemeinde aufgebaut und eine Klospülung gab es nicht. Doch meine Wahrnehmung richtete sich darauf, dass ich den Schlüssel zu meinem kleinen Schlösschen besaß. Ich liebte es zu improvisieren. Im Garten hatte ich einen Brunnen mit Wasser und eine herrliche Aussicht aufs Meer. Für mich war dieses Haus wunderschön. Es war eben eine Frage, wie man es sehen wollte.

Die Zeit war herrlich. Ich fühlte mich frei, da ich zum ersten Mal ein Leben ohne mir von außen auferlegten Regeln führte. Ich ging schlafen, wenn ich müde war und nicht weil mein Verstand mir sagte: »Jetzt ist Bettzeit«. Ich wachte ohne Wecker auf und ich aß nach meinem Hungergefühl und nicht, weil es 12.00 Uhr Mittag war. Meine Eltern sahen meinen Lebensumstand damals allerdings als unter allem Niveau an. Als ich ihnen Fotos schickte, waren sie schockiert. In ihren Augen lebte ich wie eine »Zigeunerin«. Auf die Frage hin, wie denn ein Zigeunerleben für sie aussah, war ihre Antwort: »So, wie du lebst«, und damit war das Telefonat zu Ende.

Meine Dienste bot ich einer Surfschule an und lehrte ein paar Urlaubern das Gleichgewicht auf einem Surfbrett zu halten. Im Gegenzug bekam ich einen frischen Laib Brot und Käse. Danach jobbte ich in einem kleinen Kaffee und brachte Frappé zu den Gästen. Das Trinkgeld war mein Lohn. In kürzester Zeit war ich in Kavala bekannt wie ein bunter Hund und trotz Sprachbarriere kannte ich viele Menschen. Für mich fühlte sich alles stimmig an und ich war glücklich. Das einzige, was mir in meinem ungewöhnlichen Zuhause fehlte, war ein Bett. Ich schlief auf einer Luftmatratze und die Sehnsucht nach einer Matratze wurde immer größer. Doch das Geld dazu hatte ich nicht.

Eines Tages klebten überall in der Stadt Plakate: Wahl zur »Miss Nordgriechenland« in der Open-Air-Disco. Der erste Preis war ein Modelvertrag in einer renommierten Agentur in Thessaloniki – Der zweite Preis ein Bett von der hiesigen Möbelfirma. Es war, als ob das Schicksal mir im Hinblick auf einen himmlischen Schlaf, einen Wink geben wollte. Leider wurde meine aufkeimende Hoffnung auf himmlischen Schlaf bei der Anmeldung zunichte gemacht. Als Ausländerin durfte ich nicht an der Schönheitswahl teilnehmen. Ich hatte mir keine Gedanken gemacht, ob ich überhaupt dem Bild einer Schönheitskönigin entsprach. Mein Fokus lag hauptsächlich auf dem Gewinn des Bettes.

Am Abend des Events ging ich mit dem Ehepaar des Cafés hin, in dem ich ab und zu aushalf. Es war beeindruckend als die 20 jungen Frauen sich präsentierten. Ich beneidete jede einzelne von ihnen, denn schließlich hatten sie die Chance auf das Bett, das für mich begehrenswert war. Als der Moderator die Begrüßung machte, geschah etwas, das für mich bis heute einem Märchen gleicht. Ein paar Stimmen riefen einen Namen und kurz darauf war daraus ein Sprechchor geworden. Es war, als ob das ganze Publikum den Namen »Silvia« rief.

Ich schaute um mich und viele Gesichter waren mir zugewandt und machten eine Geste, dass ich mich erheben sollte. Es folgte eine Unterbrechung und man holte mich auf die Bühne. Um es kurz zu machen, ich bekam die Erlaubnis an der Misswahl teilzunehmen und meine Chefin überreichte mir schmunzelnd meinen Bikini. Sie und ihr Mann hatten diese Offensive hinter meinem Rücken angezettelt.

Nach der ersten Runde schieden zehn Mädchen aus und somit blieben noch elf übrig – ich war eine davon. Es fühlte sich alles wie in einem Trancezustand an, bis ich die Krone, einen Blumenstrauß und den Vertrag zur Aufnahme in die Modelagentur überreicht bekam. Als ich das Mikrofon in den Händen hielt und mich zwischen Weinen und Lachen bedankte, fiel mir ein, was ich mir sehnlichst wünschte. »Dass ich hier überhaupt stehe und gewinne, ist überwältigend, doch ich möchte sehr gerne den ersten Preis abgeben, da für mich der Gewinn eines Bettes so viel wichtiger ist.« Ich setzte mir die Krone ab.

Natürlich konnte niemand wirklich verstehen, dass ein Bett für mich wichtiger war als ein Modelvertrag. Nun, jeder reflektiert eine Situation nach seinen Vorstellungen! Der grün-schwarze Futon verlieh meinem Häuschen eine Schönheit, die wohl bis zu meinem Auszug nur ich sah! ***Das war mein Schlüsselmoment.***

Ich profitiere sehr stark von dieser Erfahrung, immer, wenn ich mich dabei ertappe, dass ich eine Situation nur aus meiner Perspektive betrachte. Speziell bei meinen Kindern vergesse ich manchmal, dass sie einen gemeinsamen Moment anders reflektieren: Ihr Alter, ihre Erfahrungen, ihre Träume und auch ihre Wirklichkeit sind natürlich eine andere, als die meinige. Es zählt, wie sie sich fühlen und wenn die Frage: »Wie geht es dir dabei?«, mit »Gut!«, beantwortet wird, dann kann ich loslassen.

FAZIT

Jeder nimmt alles um sich herum anders wahr. Die Wahrnehmung deckt sich nicht zu 100 Prozent. Niemals! Wenn zwei Menschen ein Bild anschauen und hinterher beschreiben sollen, was sie gesehen und empfunden haben, könnte man aufgrund der Antworten vermuten, es handle sich um zwei verschiedene Bilder. Und so ist es auch mit dir. So wie du dich selbst siehst und empfindest, wird es nicht ein anderer tun. Erwarte das nicht, sonst ist die Enttäuschung vorprogrammiert. Du wirst durch regelmäßige Selbstreflexion bewusster werden, wachsen, dich entwickeln.

SELBSTBESTIMMUNG

**Nur DU kannst der Kapitän
deines Schiffes sein**

Folgenden Dialog habe ich schon x-Mal geführt:

»Warum änderst du deine Situation nicht?«
»Wenn das so einfach wäre.«
»Ja, das ist es, wenn du es zulassen würdest.«
»Es geht nicht anders.«
»Wenn du das sagst, dann geht es auch nicht anders.«
»Ich habe doch keine Wahl.«
»Falsch, die hast du immer.«
»In meinem Fall nicht.«
»Nun, du hast dich entschieden keine Wahl zu haben.«
Jetzt entsteht meist eine betroffene Pause.

Veränderung braucht Mut. Mut, aus der Komfortzone auszubrechen. **(Siehe Kapitel Selbstmitleid)**.

Erinnere dich an deine Kraft

Selbstbestimmung wird heute schändlich behandelt. Sie wird regelrecht »missbraucht«. Und zwar indem man sie nicht lebt. Sie wird in ihrer Herrlichkeit in den Schrank gestellt, mit einem Hochsicherheitssystem verriegelt und der Code dafür durch systematisches Training vergessen. Es ist schlicht eine Ausrede, wenn du dich hinter: »Ich würde gerne, doch ich habe keine Wahl« versteckst.

Es ist bequem, zu glauben, dass du keine Wahl hast, denn so musst du keine Veränderung vornehmen und nicht die Konsequenzen für deine Handlung übernehmen. Wenn du glaubst, keine Entscheidung treffen zu können, hast du auch damit bereits einen Beschluss vollzogen. Du deutest an, dass du nicht zufrieden bist, strebst aber keine Veränderung an. Dein Leiden ist in diesem Fall also noch nicht groß genug, denn sonst würdest du etwas verändern.

Wenn das Leid so mächtig wird, dass du es keinen Tag länger mehr ertragen kannst, dann beginnt dein Selbsterhaltungstrieb aktiv zu werden. Plötzlich hast du den Code für deinen verschlossenen Schrank vor Augen. Plötzlich weißt Du, was zu tun ist und aktivierst die notwendigen Kräfte. Das Hochsicherheitssystem, das du dir so sorgfältig aufgebaut hast, fällt in sich zusammen. Der Code heißt: »Ich treffe eine Entscheidung und übernehme Verantwortung für mich«.

Der Grund, weshalb wir so ein trauriges Volk geworden sind ist der, dass wir die Entscheidung, unser Leben zu verändern, so lange hinauszögern, bis sie uns von außen abgenommen wird. Und dann tut es weh. Richtig weh. Beginne mit dem Leitsatz zu leben: »Ich treffe die Entscheidung, bevor sie mich trifft«. Die schlimmste Zeit im Leben ist die, in der du dich nicht entscheidest. Du leidest, duldest, erträgst und jammerst über dein Schicksal. Es zermürbt dich. Du wirst jeden Tag kraft- und freudloser. Du könntest ständig weinen, bist hundemüde und bei jeder Kleinigkeit gestresst.

Du hoffst, dass das Außen deinen persönlichen desolaten Zustand erkennt und handelt. Doch weit gefehlt. Das Außen ignoriert, schaut weg und lässt dich verkümmern. Darin liegt das Übel der nicht gelebten Selbstbestimmung. Du fürchtest dich vor den Auswirkungen, den Konsequenzen, die deine Entscheidung mit sich bringt. Und aus dieser duckmäuserischen Haltung heraus übergibst du dein Ich einem Vormund und dieser heißt »Fremdbestimmung«.

Hüte deinen Schatz

Ich bin mein persönlicher Schatz, und das solltest du für dich auch sein. Wenn ich es schaffe, die Fremdbestimmung über mich so gering wie nur möglich zu halten, dann entwickle ich mich zu einem authentischen Menschen, auf den ich stolz bin und den ich liebe. Als ich 1994 beschloss aus den USA nach good old Germany zurückzukehren, um meinen ersten Mann zu heiraten, übernahm ich im Ganzen die Tragweite meiner Entscheidung. Ich fühlte mich in den USA zuhause und doch habe ich mich für die Beziehung mit Stephan entschieden.

Trotz unserer zwei wunderbaren Kinder ging nach nur fünf Jahren unsere Ehe in die Brüche. Es war eine Zeit der tiefen Enttäuschung, die mit großem Schmerz verbunden war. Ich habe ihm kein einziges

Mal vorgeworfen: »Wegen dir habe ich damals mein Leben in Amerika aufgegeben«. Es war meine eigene Entscheidung gewesen und ich hätte mich geschämt, wenn ich sie ihm aufgrund des Scheiterns zum Vorwurf gemacht hätte.

Viele meiner Klienten tragen eine imaginäre Zwangsjacke. Sie ergeben sich in ihr Leid, da sie glauben, keine andere Wahl zu haben. Sie glauben wirklich, dass sie außerstande sind, zu handeln. Sie geben freiwillig ihr mündiges Dasein ab. Sie werden dadurch zu einer Marionette, an der jeder ziehen darf. Sie beschweren sich, dass ständig andere von ihnen etwas einfordern und erwarten. Sie haben keine Kraft mehr, fühlen sich andauernd überlastet und sind innerlich ausgebrannt.

Sie sind unfähig, die Herrschaft über sich selbst zu übernehmen, um selbstbestimmt zu leben. Die Furcht vor den Konsequenzen ihrer eigenen Entscheidungen, lassen sie zu Angsthasen werden. Doch lieber »Fehler« machen und daraus lernen, als nichts zu tun und zum Spielball der anderen zu werden! Wo sind sie die Robert Roy MacGregors, die für sich einstehen und die Rechenschaft für ihr Tun übernehmen? Die es ablehnen, dass ein anderer sie zu ihrem Sklaven macht! Die es abartig finden, dass man sich in ein Dasein begibt, während die Sehnsucht eine ganz andere Melodie spielt. Diese Robert Roy MacGregors, die das Leben und die Wahrheit lieben, die stolz auf sich selbst sind und sich selbst lieben! Menschen, die selbstbestimmt leben, sind zu einem hohen Grade authentisch. Sie sind keine Kopien oder Abziehbilder der anderen.

Bestimme dich selbst!

Es sind immer die anderen schuld, dass man keine Selbstbestimmung ausübt. Es sind immer die anderen, die am längeren Hebel sitzen und von denen man sich deshalb fremd bestimmen lässt. Das sind Glaubenssätze, die uns für gewöhnlich unfähig machen! Und es ist ein bequemer Mechanismus, »Fehler« nicht verantworten zu müssen. Es gibt unzählige Ausreden. Der Mensch neigt dazu, die Verantwortung für seine Taten bei Misserfolg abzugeben. Immer gibt es Gründe oder Ausreden im Außen zu finden, warum dieses oder jenes gescheitert ist.

Im Wort »Verantwortung« steckt das Wort »Antwort«. Frage dich immer wieder: Übernimmst du Selbstverantwortung für dein Sein? Sorgst du für dich selbst? Als meine Mutter starb, waren meine Gedanken: »Wird mein Papa alleine zurechtkommen? Wird er sich selbst versorgen können?«. Als ich ihn dies fragte, war seine Antwort: »Solange ich den Willen habe zu leben, werde ich die Verantwortung für mich nicht abgeben. Es wird vielleicht anstrengend, doch das ist mir mein Leben wert«. Er wurde still. »Jedoch weiß ich nicht, ob ich ohne die Anwesenheit deiner Mutter zurechtkomme. Die Gespräche mit ihr, die täglichen Umarmungen und die Augenblicke der Liebe. Dieser Verlust ist mit nichts zu ersetzen. Doch das gehört zum Kreislauf des Lebens dazu. Also werde ich es akzeptieren und weitermachen«. **Das war ein Schlüsselmoment für mich.**

Wodurch kann deine Selbstachtung wachsen? Was kannst du tun, damit du dich selbst achtest? Nun, es hilft bestimmt nicht, wenn du zu einem willenlosen Geschöpf mutierst. Dann bist du nichts weiter als eine Spielfigur auf dem Schachbrett deiner Umwelt. Ist es das, was deine Selbstachtung fordert? Ich meine nicht. Du bist es, den es zu beachten gilt und du hast das Recht, dich zu wehren und für deine Rechte einzustehen. Du darfst deinen Willen einsetzen, um selbstbestimmt zu leben. Behalte deine Würde und entdecke die Welt, die sich dadurch auftut. Verlasse den Einfluss und die Manipulation der anderen (Fremdbestimmung) und du trittst aus dem Schwarz-Weiß-Denken und Verhaltensmuster heraus und du malst farbenfroh dein eigenes Lebensbild. Ein Sklave der Außenwelt zu sein ist für mich nicht erstrebenswert.

Wikipedia: Robert Roy MacGregor (* 7. März 1671 in Glengyle am Loch Katrine; † 28. Dezember 1734 in Inverlochlarig Beg, Balquhidder), auch bekannt unter dem Namen **Rob Roy**, war ein schottischer Volksheld und Geächteter des frühen 18. Jahrhunderts.

Meine Lebenskapitel

Als kleines Mädchen wollte ich immer eine Prinzessin sein. Ich stellte mir vor, dass ich viele schöne Kleider hatte und Diener, die mir meine Wünsche von den Augen ablesen. Meine Oma Marie tätschelte mir die Wange und sagte, dass der größte Reichtum innere Zufriedenheit sei. Diese Erklärung war für mich uninteressant, langweilig! Mit einem »Ja, ja, Oma«, stempelte ich ihre Weisheit schnell ab. Heute lächle ich in mich hinein, wenn ich dasselbe zu meinen Kindern sage. Alles hat seine zeitliche Berechtigung.

Mit 27 Jahren lernte ich in Dallas, Texas, einen sehr vermögenden und einflussreichen Mann kennen. Er ermöglichte mir das, was in meiner Kindheitsvorstellung zu einem Prinzessinnen-Dasein gehört hatte. Meine einzige Beschäftigung lag fortan darin, zu jedem Outfit die passende Handtasche auszusuchen, die Fingernägel zu lackieren, mich in einem exquisiten Sportclub massieren zu lassen und um die Welt zu fliegen, um die schönsten Orte zu sehen.

Es ging schließlich sogar so weit, dass ich mir nicht einmal mehr selbst die Haare föhnte, sondern ständig beim Friseur saß. Die Menschen um mich herum wirkten fad. Mein Spiegelbild betrachtete ich zunehmend mit einer Mischung aus Faszination und Abscheu. Meine anfängliche Neugierde auf dieses Luxusleben hatte sich zu einer Gier entwickelt. Ich wollte immer mehr und mehr und glaubte, dass, wenn ich dieses oder jenes nicht hatte, mir etwas fehlte. Meine Entwicklung verlief in eine bedenkliche Richtung. Der Grat zwischen finanziell ausgesorgt zu haben und Bequemlichkeit ist sehr schmal.

Es wurde zu meiner Lieblingsbeschäftigung andere Menschen zu begutachten und mich über ihren Geschmack lustig zu machen. Es kam mir so vor, als würde sich der persönliche Stil umso sonderbarer entwickeln, je mehr Geld man hatte. Ich begann, über Kleinigkeiten zu meckern und jammerte noch mehr über Nichtigkeiten. Unzufriedenheit über dieses Prinzessinnen-Dasein nistete sich bei mir ein.

Eines Tages besuchten meine Eltern mich in Dallas. Mein Vater legte mir den Arm um die Schultern und sagte, dass er stolz auf mich sei. Da fragte ich ihn: »Was genau meinst du damit?« »Na hör mal! Was ist denn das für eine Frage? Schau dich um! Du lebst wie die Made im Speck. Jetzt heiratest du ihn noch, dann haben nicht nur deine Kinder, sondern auch deine Ur-Ur-Enkel ausgesorgt!«

Und dann geschah etwas, was nicht mehr rückgängig zu machen war. Ich befreite mich aus der Beziehung und von allem, was mein derzeitiges Leben ausmachte. Für meinen Vater war klar, dass ich den Verstand verloren hatte und meine Freundin fragte mich salopp, ob ich etwas dagegen hätte, wenn sie ihr Glück bei meinem Freund versuchen würde. Es war ein Befreiungsschlag, den ich nicht mit Worten erklären kann. Durch meinen Vater wurde mir bewusst, dass ich die Achtung vor mir selbst verloren hatte und ich deshalb immer unzufriedener wurde.

Nicht ich hatte etwas aus meinem Leben gemacht, sondern ich schmückte mich mit fremden Federn. Das war ich nicht. Das gefiel mir nicht. Meine Selbstachtung bröselte mit jedem Tag mehr, weil ich mich von meinen Grundsätzen verabschiedet hatte. Ich entschied mich am darauffolgenden Tag alles hinter mir zu lassen und wieder einmal mit nichts als nur einer Tasche neu zu beginnen. Diese Entscheidung auf all den Luxus und auf das vermeintlich sorglose Leben zu verzichten, entfachte im gleichen Atemzug eine Befriedigung in mir, die auch meine Selbstachtung wiederherstellte. Bis heute bin ich stolz auf mich, dass mein Drang danach, meine Selbstbestimmung zu behalten, größer gewesen war, als Geld und materielle Belange es aufwiegen konnten! ***Das war mein Schlüsselmoment.***

....

Im Jahr 1995 wohnte ich mit meiner kleinen Familie in einem Dorf im Oberallgäu. Unsere Tochter Noelle war unser Sonnenschein, sie war für mich der Mittelpunkt meines Lebens. Stephan arbeitete als Klempner und ich war bemüht, Noelle und mich sozial zu integrieren. Es war schwer! Noch nie zuvor hatte ich Ablehnung erlebt. Mein schwäbischer Dialekt veranlasste die vor Ort ansässigen Menschen allen Ernstes mich zu diskriminieren. Ich versuchte meine Aussprache nicht zu verfälschen oder sie der ihren anzugleichen. Dies hätte für mich bedeutet, meine Wurzel zu verleugnen. Meine Selbstachtung ließ ich mir nicht nehmen, schon gar nicht aufgrund der vorherrschenden Denkmuster, die mich einschränkten.

Der Lohn meines Mannes reichte alleine nicht aus, um unsere Familie zu ernähren. Daher entschloss ich mich, eine Stelle in einem 5-Sterne-Hotel anzunehmen. Die Arbeit war leicht. Abends deckte ich die Betten auf, legte eine Schokolade auf den Nachttisch, leerte den Mülleimer und putzte das Waschbecken. Oft kam ich ziemlich verschwitzt und außer Atem an, da ich bis zu meinem Arbeitsplatz etwa zehn Kilometer mit dem Fahrrad zurückzulegen hatte. Die Uniform der Hausmädchen war ein Dirndl, welches an mir nicht besonders vorteilhaft aussah.

Eines Abends klopfte ich an einer Suite an, rief das Standardwort: »Hauskeeping« und wartete, ob der Gast mir aufmachte. Die Tür öffnete sich und für ein paar Sekunden war es zwischen dem Herrn und mir still. Er und ich schauten uns nur an. Ich hatte einen begeisterten Ausdruck auf meinem Gesicht und er einen entgeisterten. »Michael? Wow, was für eine super Überraschung dich wiederzusehen«, rief ich lautstark. Er drehte den Kopf auf alle Seiten und fragte: »Ist das hier versteckte Kamera?« »Warum das denn?«, war meine Gegenfrage. »Erkennst du mich denn nicht? Ich bin es, die Silvia!«

Ich betrat seine Suite, um das Bett aufzudecken. Er forderte mich jedoch auf, Platz zu nehmen. »Was um Himmels willen ist geschehen?«, wollte Michael von mir wissen. »Geht's dir gut?« Ich strahlte ihn an. »Und wie! Meine Tochter Noelle ist ein halbes Jahr alt und das schönste Kind auf der Welt. Mein Mann Stephan hat Glück gehabt und arbeitet in einem Sanitärgeschäft«, sprudelte ich hervor. Michael schaute mich an und hatte sichtlich Mühe zu verstehen, was ich ihm erzählte.

Zwei Jahre zuvor hatten wir uns auf dem Flug von München nach New York kennen gelernt. Üblicherweise ist die First Class nicht ausgebucht und so waren wir schnell ins Gespräch gekommen. Er hatte angeboten, mir die Stadt zu zeigen, da ich ein Frischling in New York gewesen war und er ein alter Hase. Als er mich in meinem Hotel in Manhattan abgeholt hatte, war er sehr beeindruckt davon gewesen, dass ich eine Suite für vier Wochen bewohnte. Ich hatte ihm erklärt, dass dieser Reichtum nicht von mir stamme, sondern mein Freund mir dies ermöglichte.

Nun, ich hatte damals in der High Society gelebt. Diese Erinnerung hatte Michael vor Augen als er mich anschaute. Für ihn war ich das Märchen Aschenputtel, allerdings in verkehrter Reihenfolge. »Welchen Teil von ›mir geht's gut und ich bin glücklich‹ hast du nicht verstanden?«, wollte ich von ihm wissen. »Hast du keine Probleme damit diesen Job zu machen? Du bist doch auf der anderen Seite des Lebens gestanden?« »Schade, dass du für mich Mitleid empfindest, obwohl ich dir sage, dass mein Leben, so wie es ist, mich glücklich macht. Du bewertest mich ausschließlich über einen finanziellen Rahmen. Ich finde es sehr traurig für dich, dass du meine Zufriedenheit nicht erkennst. Würdest du mich einmal wirklich anschauen, dann könntest du dich mit mir freuen, doch du bist so geblendet von der Tatsache, dass ich ein Zimmermädchen geworden bin, dass du blind bist für mein Glück.« ***Das war mein Schlüsselmoment.***

Ich begann meine Arbeit zu verrichten. Die ganze Zeit über blieb er stumm im Sessel sitzen. Zum Abschied sagte ich nur: »Danke, Michael, denn meine Selbstachtung ist durch unsere heutige Begegnung gestiegen und das fühlt sich verdammt gut an. Ich wünsche dir noch einen schönen Urlaub«.

Meine Eltern machten sich Sorgen um mich, weil ich ihrer Meinung zu viel Zeit auf dem Sportplatz verbrachte und immer noch mit kleinen Kindern Spielnachmittage veranstaltete. Mit 16 Jahren sollte das wohl anders sein! Doch ich ließ mich weder von den Kommentaren meiner Freundinnen noch von denen meiner Familie beirren und lebte so, wie es mir gefiel. Es machte mir große Freude mir immer wieder Spiele auszudenken und die Ideen mit den Kindern umzusetzen. Mein Rollschuhkurs war überaus beliebt und es gab sogar eine Warteliste, da zu viele Kinder dabei sein wollten. Ich war eine großartige Rollschuhläuferin und ich konnte das Argument, dass ich zu alt dafür sei, überhaupt nicht nachvollziehen. Die anderen hatten keine Chance mich umzustimmen und über mich zu bestimmen. Was tat ich schon? Ich lehrte Kindern mit viel Freude Rollschuh laufen!

Im darauffolgenden Sommer geschah im Freibad etwas, worauf mein

Umfeld wohl gewartet hatte. Ich wurde geküsst! Aufgewühlt und mit glühenden Wangen radelte ich auf meinem blauen Klappfahrrad nach Hause. »Mama, wo bist du? Ich muss dir was erzählen!« Meine Eltern standen beide vor mir und ich platze mit der Neuigkeit heraus: »Ihr glaubt nicht, was passiert ist. Ein Junge hat mich geküsst!« Meine Mama nahm mich in die Arme und sagte etwas wie: »Gott sei Dank, das Kind ist gesund!« Mein Vater wollte sogleich weitere Infos: »Wo kommt er her? Wie alt ist er? Kenne ich seine Eltern und überhaupt, wie heißt er denn?« Bis auf die letzte Frage konnte ich keine andere beantworten, denn schließlich hatte ich ihn zwischen Kopfsprüngen vom Dreimeterbrett und Pommes essen kennen gelernt. »Attila«, sagte ich mit Begeisterung und meine Erinnerung schweifte wieder an das wunderbare Erlebnis zurück.

Die Ohrfeige tat nicht wirklich weh, die mein Vater mir gab, doch die Worte, die er sagte, schon: »Attila? Das glaub ich ja wohl nicht. Das ist ja ein Türk und den brauchst du gar nicht wiedersehen. Soweit kommt es noch!«, und er drehte sich um und ging weg. Ich fing an zu weinen, da mein innerer Schmetterling mit einem dumpfen Knall davonflog. »Du musst das verstehen Silvia, die Türken sind so anders als wir. Die passen einfach nicht zu uns«, versuchte meine Mama mich zu trösten. Ich schob sie von mir weg und rannte hinaus. Ich rannte solange über die Wiesen, bis ich vor Erschöpfung niederfiel und hemmungslos weinte. Mein Unverständnis, dass meine Eltern ein Urteil fällten nur, weil der Name eine andere Kultur, Mentalität und Kochgewohnheiten für sie bedeutete, war riesengroß. ***Das war mein Schlüsselmoment.***

Die nächste Zeit war sehr hart. Natürlich traf ich mich immer wieder mit Attila und ich machte dies nicht heimlich, denn für mich gab es dafür keinen Grund. Die Spannung zuhause wurde täglich unerträglicher und eines Tages stellte mein Vater mich vor eine Entscheidung: »Entweder du beendest dieses Verhältnis oder du wohnst nicht länger bei uns«. Ich stand ihm direkt gegenüber und auch wenn ich 10 cm kleiner war als er, so fühlte ich mich in diesem Moment auf Augenhöhe mit ihm. »Die Entscheidung fällt mir leicht. Ich schäme mich für euch und für meine Geschwister, dass ihr mich wie eine Aussätzige behandelt, nur, weil ich jemanden mag, der für euch ein Tabu ist. Ihr habt kein einziges Mal mit ihm gesprochen, geschweige denn miterlebt, wie er mit mir umgeht. Es sollte der Mensch im Mittelpunkt stehen und nicht seine Herkunft. Wenn mein Freund Hans heißen würde, wäre für euch die Welt in Ordnung. Das ist lächerlich und abstrakt.« Ich ging.

Für mich gab es keinen Zweifel daran, dass ich darüber, wen ich liebhaben wollte, selbst bestimmen durfte. Auch wenn ich dafür mein Elternhaus verlassen musste. Ich konnte unter keinen Umständen von anderen über meine Gefühle bestimmen lassen. In mir rebellierte alles. Die Verantwortung für meine Entscheidung übernahm ich mit kindlicher Stärke. Es war eine anstrengende Zeit. Meine Clique beschimpfte mich mit üblen Wörtern, meine Geschwister drehten den Kopf weg, wenn sie mich sahen. Die Eltern von Attila nahmen mich herzlichst auf. Wir wohnten auf engsten Raum, es gab kein Badezimmer, sondern nur ein Waschbecken und so manche Tagesabläufe bekamen ein neues Gesicht. Es wäre jederzeit möglich für mich gewesen wieder nach Hause in mein eher bequemes und adäquates Leben zu gehen. Doch das konnte ich nicht. Die Konsequenz, die meine Entscheidung mit sich brachte, war einfach nicht zu umgehen. Es war und blieb für mich unbegreiflich, wie man sich von außen bestimmen lassen konnte, wenn sich ein Gefühl, was man Liebe nennt, im Inneren auftat.

Ja, es gab oft Momente, in denen ich mich verloren fühlte und einsam, doch ich konnte die Verantwortung für meine Entscheidung nicht über Bord werfen, wenn es unangenehm wurde. Viele Jahre später heiratete mein Neffe eine Türkin und er wurde ein Moslem! Für meine Eltern und für meinen Bruder war das keine große Sache. Als ich meinen Vater gefragt habe, wie es denn für ihn sei, dass er nun eine Türkin in der Familie habe, war seine Antwort: »Sie ist eine liebenswerte Frau«. Und die Moral von dieser G'schicht: Manchmal muss man mit allen Konsequenzen eine Entscheidung verantworten, damit andere sich dadurch verändern.

Erinnere Dich an Deinen Schlüsselmoment

FAZIT

Für mich ist Selbstbestimmung gleichbedeutend mit Freiheit. Für mich gibt es nur diese Form der Freiheit: Ich entscheide mich, welche Art der Knechtschaft ich eingehe. Demzufolge entscheide ich mich mit Bedacht und mit Fürsorge für mich selbst. Die Herausforderung ist: Wenn ich mich bewusst entschieden habe, kann ich niemand anderen dafür zur Verantwortung ziehen. Jammern und schimpfen über meine Situation führt dann zum Selbstmitleid, in die persönliche Einbahnstraße. Und dafür ist mir mein Leben zu kostbar, das sollte deins für dich auch sein. Ich übertrage meine Verantwortung nicht auf einen anderen Menschen und zugleich übernehme ich keine Verantwortung für einen anderen. Jedoch sehe ich es als meine Pflicht an, mir gegenüber und anderen gegenüber verantwortungsbewusst zu sein und zu handeln. Das ist der große Unterschied.

SELBSTINVESTITION

Investiere in dich selbst und DU wirst die beste Version von dir

Hast du dir schon einmal einen Monatsplan erstellt und dir einen Überblick verschafft, wie viel Geld du ausgibst, um eine für dich angenehme Lebensqualität zu erhalten? Wie viel Zeit investierst du, um dir ein Umfeld aufzubauen, in welchem du dich wohlfühlst? Eine Umfrage[1] im Internet ergab folgende Prioritätenliste für die Investitionen, die wir tätigen:

- Wohnung
- Auto
- Freizeit
- Lebensmittel

Das hat mich schockiert. Wir geben also zuletzt für unser Grundbedürfnis der Nahrung als letztes Geld aus? Der Status ist also wichtiger, als ein gesunder Körper? Wir investieren in einen Außenzustand mehr als in das innere Wohl? Nun, ich finde, dass wir das Pferd von der falschen Seite her aufsatteln. Wenn der Mensch kein inneres Gleichgewicht besitzt, nicht gesund ist und/oder Schmerzen hat, dann macht ihm das Leben mit seinem ganzen Besitz keine Freude. Alles was man im Außen besitzt, wird völlig wert- und sinnlos. Das wissen wir doch alle! Dann gilt es, alles zu tun, um wieder stabil, gesund und schmerzfrei zu werden und zu bleiben.

Viele Menschen, die nach diesem Denkmuster leben, meinen, dass es reicht, bei Schmerzen einfach eine Schmerztablette einzunehmen. Doch ganz oben sollte stehen, die Bedürfnisse des Körpers wahrzunehmen und in sich selbst zu investieren: Gutes Essen – gutes Trinken – ein gutes Bett – gute Luft – gute Beziehungen!

Investiere in DICH selbst

Überlege einmal, was du nur für dich alleine machst? Welche Investitionen unternimmst du, die ausschließlich dir dienen? Vielleicht ste-

---

1 news.at, 2.4.2012.

hen auf deiner Liste Dinge wie Friseur, Fitnessstudio, Massage, Kosmetik, Urlaub, Kleidung ... Nun, sind diese Bereiche nicht auch dazu da, dass du das Außen damit beeindrucken kannst? Vielleicht ja. Fakt ist, dass du es in dich selbst investierst und damit lässt du es dir gut gehen. Bravo! Doch investieren solltest du auch in deine Persönlichkeitsentwicklung.

Mit diesem Buch hier hast du dich dazu entschieden, deinem Selbst näher zu kommen. Vielleicht mehr über dich herauszufinden. Deine genauen Beweggründe kennst nur du alleine. Sei es aus Neugierde, Verzweiflung, Interesse oder Traurigkeit, du hast dich entschieden, Zeit und Geld zu investieren, um mehr über dich zu erfahren. Ist es nicht so, dass man erst dann bewusst Geld für sich ausgibt, wenn man mit sich und einer Situation nicht mehr klarkommt?

Viele Frauen gehen zum Friseur und erlauben sich eine Veränderung, wenn die Beziehung gescheitert ist. Die meisten Menschen suchen einen Psychotherapeuten auf, wenn sie nicht mehr weiterwissen. Die meisten Menschen entscheiden sich Sport zu machen, wenn sie ihre Kilos nicht mehr akzeptieren. Viele gehen aus Langeweile shoppen oder weil sie eine kurzzeitige Befriedigung brauchen. Die meisten Menschen zahlen für eine Massage, wenn der Rückenschmerz nicht mehr auszuhalten ist. Warum nicht in einen Coach investieren, der dich unterstützt, dich kennenzulernen, mit dem Ziel, dass du dir selber dein bester Freund wirst, BEVOR es zu spät ist! Du erhältst vielleicht einen neuen Blickwinkel auf dich selbst und wirst selbst dein bester Freund, deine beste Freundin. Die Entdeckungen, die du auf diesem Weg machst, können dich bereichern und dir in der Zukunft ein stabiles Fangnetz sein, solltest du einmal den Boden unter den Füßen verlieren.

Ein Mensch, der dir völlig neutral gegenübersteht, kann dir hilfreicher begegnen, wie es für einen Menschen, der emotional mit dir verbunden ist, nicht möglich ist. Die Investition in dein Selbst ist eine Anlage, deren Gewinn für dich sich nicht im Vorfeld immer klar und sofort definieren lässt. Es geht um die »innere Arbeit«, die andere »Schätze« zutage fördert als die, die wir im Allgemeinen meinen. Doch die Chance, dass du schneller von den Renditen profitierst, wenn du in guten Zeiten in dich investiert, ist sicher nachvollziehbar. Bist du seelisch angeschlagen, traurig, frustriert, dann muss die gegenwärtige Situation erst einmal verarbeitet und aufgelöst werden.

Selbstinvestition in einem Zustand der Unbefangenheit, Unbekümmertheit, Ungezwungenheit, intensiviert dagegen die Stärken, Lebensfreude und Talente.

Der Mensch hat seine Schale und seinen Kern. Das Aussehen ist wichtig und trägt sicherlich bis zu einem gewissen Punkt zum Wohlbefinden bei. Darum kümmern wir uns meist ausgiebig. Wir lassen uns die Haare schneiden, den Ansatz nachfärben, das Gesicht verwöhnen, machen Diäten und lassen uns das Körperfett entfernen. Ja, es gibt auch Frauen, die investieren in eine XXL-Oberweite, um ihren Freund zu beglücken, einfacher Geld zu verdienen oder polarisieren zu können, um ihr Selbstbewusstsein vermeintlich aufzubauen. Sie glauben dadurch eine bessere Lebensqualität zu bekommen. Unseren inneren Kern beachten wir oft nicht, geschweige denn, dass wir in ihn investieren. Außer, der Lebenskarren steckt im Dreck! Mache einmal die Erfahrung und investiere Zeit und Geld, um dich ein Stück weit besser kennenzulernen! Schaue, was es dir bringt!

Wir wissen aufgrund unserer Erziehung oft nicht mehr, wer wir wirklich sind und definieren uns in den sozialen Netzwerken über unsere Profile, bedienen uns irgendwelcher Pseudonyme. Meine Erfahrung hat gezeigt, dass viele Menschen, die berühmt sind, wunderschön und materiell reich, vereinsamen, sich von sich selbst entfremden. Sie leben tagein und tagaus mit einem fremden Menschen: Sich selbst! Dies führt dazu, dass sie einem hübschen, aber mechanischen Wesen gleichen. Zu wirklichen, echten Gefühlen sind sie nicht mehr fähig. Dann geht man zu einem Psychologen und hofft, dass einem geholfen wird. Um was geht es denn dabei? Es geht um nichts anderes, als darum, sich selbst zu finden! Ich plädiere deshalb dafür: Investiere in dein Selbst! So erfährst du wahren Reichtum!

Sich selbst zu spüren, sich selbst zu kennen, sich selbst zu lieben bringt höchste Lebenskraft und Freude. In meiner Vision bin ich eine Marktschreierin mit dem Spruch:

»Beginnen Sie heute mit der besten Investition für ein sinnvolles Leben. Investieren Sie in positive Gedanken, echte Gefühle, stimmige Ansichten, gutes Verhalten, ehrliche Worte. Diese Investition beinhaltet nur ein kleines Restrisiko. Das bedeutet, dass Ihr Umfeld sie vielleicht nicht wiedererkennt, Sie aber erkennen Ihr Umfeld. Seien Sie bereit für Ihre Selbstinvestition und werden Sie einer der reichsten Menschen auf diesem Planeten«.

Diene DIR selbst

Was hat der Mensch am wenigsten? Über was reden wir täglich, das es uns fehlt? Es ist nicht das Geld. Es ist die Zeit. Wir leiden alle unter der zu wenig vorhandenen Zeit. Die Zeit wird für nicht getane Taten missbraucht, schändlich für andere Prioritäten herangenommen. »Keine Zeit«, ist die meist benutzte Ausrede der Menschheit. Frage dich ehrlich: Wie viel an Zeit, Kraft und Gedanken du in Menschen und Situationen investierst, die du nicht verändern kannst? Jedes Mal verschwendest du Energie für etwas, was unterm Strich keine Bewegung bringt. Diese Investition bezahlst du mit einem hohen Preis. Mit Niedergeschlagenheit, erschöpft sein und Verzweiflung. Dann bleiben eventuell nicht mehr viele Ressourcen für die Selbstinvestition übrig. Was kannst du also wirklich tun? Du kannst deinen Schwerpunkt ändern und die Energie, die du hast, für das einzige verwenden, was du hast und bewegen kannst: Für dich! Die Zeit steht dir jeden Tag aufs Neue zur Verfügung. Es ist nur die Frage, welche Prioritäten du setzt.

Selbstbedienung kennen wir normalerweise nur im Zusammenhang mit Restaurants. Gemeint ist damit, dass eine Verkaufsstrategie verfolgt wird, in der der Kunde selbst entscheidet, was und wie viel er von der angebotenen Vielfalt konsumieren möchte. Er bedient sich selbst. Schöne Sache! Ich darf Selbstbestimmung ausüben. Ganz offiziell wird es sogar gewünscht. Wow! Dankeschön. Das gefällt mir. Aber wie sieht es mein Umfeld, die Gesellschaft, wenn ich mir erlaube, mein eigener Diener zu sein? Mir zu dienen, würde meine Selbstentfaltung fördern. Ich könnte dadurch größere Ausgeglichenheit und Gelassenheit erreichen. Sobald du fähig bist, dich selbst zu bedienen, sprich, dir selbst ein Diener zu sein, bist du auch fähig für andere da zu sein. Die Voraussetzungen für andere ein guter Diener zu sein, kennst du bestimmt:

- Loyalität zu anderen
- Ehrlichkeit gegenüber anderen
- mit ganzem Herzen dabei sein
- Gespür für Menschen haben
- Die Kunst, anderen die Wünsche von den Augen abzulesen und sie zu erfüllen

Dies alles beinhaltet die Selbstbedienung auch. Ist nicht auch in dir die Sehnsucht vorhanden, das alles in dich zu investieren? Mit dir selbst unter diesen Voraussetzungen zu leben:

- Loyalität zu mir
- Ehrlichkeit mir gegenüber
- mit ganzem Herzen bei mir sein
- ein Gespür für mich haben
- meine Wünsche/Bedürfnisse zu wissen und sie mir zu erfüllen

Bediene dich aller Möglichkeiten, die vor dir liegen. Bediene dich an den Offerten, Geschenken, die das Leben dir schenken möchte. Lebe das Potenzial, welches in dir schlummert. Du darfst das tun! Diene dir selbst und du verstehst die Beweggründe deines Wirkens besser. Du wirst damit gleichzeitig klarer erkennen, welchen Dienst du sinnvoll in die Gemeinschaft einbringen kannst. Hören wir doch endlich damit auf, einen Menschen, der sich selbst beachtet und liebt, mit dem Richterspruch zu behaften: »Dieser Egoist«. Für eine gesunde Gesellschaft, brauchen wir:

- **Menschen, die Verantwortung für sich selbst übernehmen**
- **Menschen, die selbstbestimmte Entscheidungen fällen**
- **Menschen, die mutig genug sind, Veränderungen umzusetzen**
- **Menschen, die bereit sind, zu ihren Fehlern zu stehen**
- **Menschen, die ungezwungen ihre Meinung kundtun**
- **Menschen, die sich trauen ihre Emotionen zu zeigen**

Wir brauchen dringend Menschen, die authentisch sind! Menschen, bei denen das gesprochene Wort zur Tat stimmt und das Tun zum gesprochenen Wort passt. Und das setzt voraus, dass du dich deiner Fähigkeiten bedienst. Dass du die Chancen ergreifst, die sich dir bieten. Dass du dir erlaubst, den Dienst an dir an die erste Stelle zu stellen. Wenn du den Dienst an dir an erste Stelle stellst, dann weißt du, wer du bist und du wirst ein geerdeter Mensch, der auch anderen dienen kann.

Mein Lebenskapitel

Es gab eine Zeit in meinem Leben, da fühlte ich mich ausgebrannt. Die Leichtigkeit des Seins war verflogen und hatte einer tiefen Traurigkeit und Schwere Platz gemacht. Die Kinder waren klein und ich war neben dem Haushalt dafür zuständig, dass meine kleine Firma genügend Aufträge bekommt. Letzteres bedeutete, viel unterwegs sein und mit den Anforderungen jonglieren zu müssen. Mir wurde alles zu viel.

Die Weihnachtszeit hatte gerade begonnen und ich wollte den Kindern all das ermöglichen, was sich in meinem Kopf abspielte: Plätzchen backen, auf den Weihnachtsmarkt gehen, Sterne basteln, Geschenke einkaufen, weihnachtlich dekorieren und nach einem Winterspaziergang einen selbstgemachten Kinderpunsch anbieten. Gleichzeitig versuchte ich, alle anderen täglichen Aufgaben nicht in den Hintergrund kommen zu lassen. Manchmal weinte ich ohne ersichtlichen Grund und wenn ich morgens aufstand, war ich hundemüde. Mir wurde klar, dass ich mich aus diesem Hamsterrad zu befreien hatte. Schließlich hatte ich mich auch selbst hineingebracht.

Der Ausweg, um wieder in mein inneres Gleichgewicht zu gelangen, war, dass ich meine Waagschale wieder ausglich. Das bedeutete, so viel wie ich für andere tue, so viel habe ich auch für mich zu tun. So viel wie ich für andere tat, so viel tat ich auch für mich. So viel ich an Zeit, Kraft und Aufmerksamkeit ins Außen investiere, so viel investiere ich auch in mich selbst. Das Menschengesetz »Tu dir Gutes und du kannst Gutes tun« hatte ich komplett vernachlässigt. Also hieß es von diesem Tag an, dass ich zusätzlich auch mehr an mich denken würde.

Ich setzte mich mit meinen Kindern und ihrem Papa zusammen und teilte ihnen mit, dass ich dieses Jahr nicht mit ihnen unterm Weihnachtsbaum sitzen würde. Ich erzählte ihnen, dass ich nach Sri Lanka reisen und dort eine intensive Ayurveda-Kur machen würde. Meine Tochter Noelle fragte mich: »Mama wirst du dann wieder mit uns lachen und spielen können, wenn du nach Hause kommst?« Diese Frage löste in mir jegliches schlechte Gewissen auf, das ich noch in mir gehabt hatte. »Ja, mein Schatz, das werde ich«, flüsterte ich mit Tränen in den Augen, da sie mir bewusst machte, dass auch sie unter meinem Verhalten gelitten hatte.

Die Aussicht, dass ich danach wieder fröhlich sein würde, reichte meinen Kindern aus, um meinen Entschluss, diese Reise zu machen, ohne weitere Probleme zu unterstützen. Allerdings war die Reaktion meines Umfeldes eine andere. Ich wurde verurteilt, da ich in ihren Augen eine schlechte und verantwortungslose Mutter war. Die Gründe für mein Verhalten schienen niemanden zu interessieren.

Diese Selbstinvestition war das Beste was ich damals tun konnte. Ich bediente mich an allem, was die Kur bot. Ich machte viele Spaziergänge, meditierte am Strand, genoss die Massagen, das Yoga, das Essen und fühlte, wie ich täglich ein Stück mehr in meine innere Balance kam. Das Prinzip der Waagschale wurde mir in seiner ganzen Tragweite bewusst. Wenn ich im Alltag nicht achtgab, immer wieder in mein »Seelenheil« zu investieren, dann würde ich immer wieder in diese Position fallen, in der ich mich vor der Reise befand. Und dies wollte ich mir und meiner Familie kein weiteres Mal zumuten. ***Das war mein Schlüsselmoment.***

Als ich nach 3 Wochen wieder zuhause war, stellte ich fest, dass überhaupt kein Nachteil entstanden war. Meine Kunden hatten gewartet, der

Haushalt funktionierte und alles drehte sich auch ohne mich. Meine Noelle legte beim Wiedersehen ihre Arme um mich und ohne Worte wusste ich, dass alles gut war.

Ja, ich habe diese Erkenntnis bis heute umgesetzt. Ich bediene mich oft der Möglichkeiten, die sich mir bieten. Oft sind es banale und einfache Handlungen. Sei es, ein Buch zu lesen, die Sonne zu fühlen, ein Nickerchen zu machen, mir Kopfhörer aufzusetzen, um meine Lieblingsmusik zu hören, tanzen zu gehen, einen Kinofilm anzuschauen, mich draußen auf eine Bank zu setzen oder einen Herzstein am Fluss zu suchen. Und das mache ich nicht nur nach dem Feierabend oder am Wochenende, sondern dann, wenn es mir ein Bedürfnis ist. Ich investiere Liebe, Achtsamkeit und Freude in mich und nicht erst, wenn das Ungleichgewicht sich abzeichnet, Nein, ich tue es regelmäßig und möchte, dass dies meine Lieben ebenso machen. Dadurch kommen wir in unsere Mitte, sind belastbarer, fühlen die Lebensfreude und bleiben gesund.

Erinnere Dich an Deinen Schlüsselmoment

FAZIT

Du alleine weißt, was dir gut tut. Du alleine weißt, was dir nicht gut tut. Du alleine weißt über deine Bedürfnisse Bescheid. Du alleine weißt, wer du bist. Du alleine weißt, wer du sein möchtest. Das erfordert allerdings, dass du viel Zeit mit dir verbringst, Zeit in dich investierst. Zeit ist dein Freund, also behandle sie auch gut. Sei großzügig deinen Wünschen gegenüber, die nichts mit dem Materiellen zu tun haben. Erlaube dir Gutes für dich zu tun. Das darfst du! Selbstinvestition in einem Zustand der Unbefangenheit, Unbekümmertheit, Ungezwungenheit, intensiviert deine Lebensfreude, Stärken und Talente!

SELBSTWERT

**Was bringt es uns,
wenn wir den Wert unserer Uhr wissen,
aber nicht verstehen, die Zeit zu leben?**

Wenn man dich bei einer Versteigerung anbieten könnte, was wäre dein Wert? Was glaubst du macht dich besonders? Welche Auszeichnungen gibst du dir? Was unterscheidet dich von anderen? Welche Werte trägst du in dir? Welche lebst du? Welchen Wert hast du, wenn sich in deinem Geldbeutel kein einziger Cent mehr befindet? Wie hoch ist dein Selbstwertgefühl? Wie schätzt du dich selbst ein?

Welcher Mensch bist du ohne den Titel den du dir angeeignet hast? Weißt du um den Schatz, den du in dir trägst? Bestimmt kennst du den Wert deines Schatzes, des Menschen mit dem du zusammen bist? Eines Menschen, der dir viel bedeutet? Ist der Grund warum wir uns auf einen anderen Menschen einlassen, nicht der, dass uns der Wert des anderen gefällt? Wieso aber kennst du deinen eigenen nicht?

Von was haben die Menschen heute am wenigsten? Wovon reden wir täglich, dass es fehlt? Es ist nicht das Geld und nicht das Wetter. Es ist wieder mal die Zeit. Wir haben alle zu wenig Zeit. Immer und ständig fehlt uns Zeit. Nun, die Zeit – sofern sie überhaupt existiert – ist für jeden Menschen in gleicher Menge vorhanden. Sie interessiert sich nicht für den sozialen Stand, das Bankkonto oder dafür, wie gut man die Knigge-Manieren beherrscht. Die Zeit ist einfach da. Doch wir nehmen den Wert der Zeit erst dann richtig wahr, wenn sie uns fehlt.

Wir schätzen die Zeit meist nur dann wert, wenn wir glauben, wir hätten nicht mehr viel davon. Zu deinem Freund wird die Zeit in dem Moment, in dem du innere Zufriedenheit spürst. Das bedeutet, dass du gelernt hast, dass das Leben im Jetzt und Hier stattfindet. Du bist dir bewusst, dass du Harmonie und Ausgeglichenheit nur dann erreichen kannst, wenn du mit nichts als mir dir BIST, mit dem was du gegenwärtig tust. Dann wird dein Leben kostbar. Dein Ich wertvoll. Du wirst dir über den Wert deines Lebens und somit auch deiner selbst bewusst. Du bist einfach immer präsent. Du bist da. Mehr nicht. Kinder messen einen Erwachsenen nicht daran, wie viel Zeit man mit ihnen verbringt, sondern was sie in der Zeit erleben. Auch hierbei sind die Kinder wieder wunderbare Lehrmeister.

Erkenne DEINEN Wert

Kennst du solche Aussagen?

- »Das habe ich nicht nötig«
- »Das bin ich mir wert«
- »Das lasse ich mir nicht bieten«
- »Das brauche ich mir nicht gefallen zu lassen«

Alle diese Sätze deuten darauf hin, dass dieser Mensch sich seines Wertes im Klaren ist. Großartig. Er vergeudet die Zeit nicht länger damit, etwas zu tun, was ihm keine Befriedigung schenkt. Oder er verbringt nicht mehr Zeit damit, sich mit Menschen einzulassen, die ihm schaden. Das Sprichwort »Perlen vor die Säue werfen«, bedeutet, dass etwas, das der Mensch macht wertvoll ist, doch leider im Außen dafür keinen Applaus erntet. Ist ein Mensch sich dessen bewusst und macht es trotzdem, dann erfreut er sich an sich selbst. Sei du selbst dein größter Fan. »Vergebliche Liebesmühe«, bedeutet, dass jemand nicht schätzt, was man ihm entgegenbringt. Der Wert ist nur demjenigen, der es macht, bewusst. Meist macht der Mensch trotzdem mit den Aktionen weiter, da er selber Freude dabei empfindet.

Jeder von uns hat seinen eigenen Wert. Jeder von uns hat etwas Schönes, Besonderes, Talentiertes, Außergewöhnliches, Interessantes an und in sich. Dieser Wert steigert das Selbstbewusstsein. Gestatte dir deinen Wert zu erkennen und auf ihn stolz zu sein. Häufig ist es so, dass wir Menschen oder Sachlagen sehr schnell daraufhin »abchecken«, welcher Nutzen sich hinter ihnen verbirgt. Der Fremdwert ist wichtig, um den Selbstwert zu steigern. Ist der Fremdwert attraktiv, entscheiden wir, ob es sich lohnt, sich zu engagieren.

- »Der Mensch ist es mir wert, dass ich ...«
- »Die Arbeit ist es mir wert, dass ich ...«
- »Das Geld ist es mir wert, dass ...«
- »Der Stress ist es mir wert, dass ...«

Was macht DICH wertvoll?

Was macht dich wertvoll? Warum ist man gerne in deiner Gesellschaft? Diese grundlegende Frage solltest du beantworten können. Das beinhaltet, dass du dich mit dir auseinandersetzt **(siehe Kapitel Selbstreflexion).** Wie schätzt du dich ein? Übe dich im Schätzen. Versuche einmal Situationen geschehen zu lassen, in denen du dich nicht auskennst und du somit dein Verhalten nur schätzen kannst. Ich habe einmal vor einem Graben mit etwa zwei Meter Durchmesser gestanden. Ich war noch nie zuvor darübergesprungen. Meine Ansage war: »Oh mein Gott. Ich schätze, das werde ich nicht schaffen«. Ich nahm Anlauf und sprang. Ich landete im Wasser. Ich lachte. Meine Selbsteinschätzung reifte durch den ersten Versuch: »Ich schätze, dass ich den Sprung schaffen kann«. Ich nahm wieder Anlauf und sprang und landete trocken auf der anderen Seite.

Wenn mir etwas fremd ist, dann kann ich nicht wissen, was passieren wird. Der Satz: »Also, das hättest du nun wirklich wissen können«, macht nur dann Sinn, wenn man es zuvor tatsächlich schon einmal erlebt hat. Und selbst dann gibt es keine Gewähr, dass es planbar wieder so geschieht und nicht etwas völlig anderes. Es macht Spaß sich immer wieder neu selbst einzuschätzen. Unsere Fähigkeiten sind flexibel und wir lernen durch jede Erfahrung dazu **(siehe Kapitel Selbsterfahrung)**. Ist es nicht spannend, sich selbst einzuschätzen und dann herauszufinden, ob man mit der Schätzung richtig lag? Hat man sich überschätzt oder unterschätzt? Was hast du wieder einmal über dich entdecken können? Was auch immer es ist, es bereichert dich. Immer. Auch wenn du das, was du entdeckt hast, vielleicht nicht für attraktiv, gut, erfolgreich ... hältst. Indem du dich findest, erhöhst du deinen Selbstwert.

Ich habe mich schon des Öfteren überschätzt. »Das bekomme ich ganz sicher hin« oder »Das schaffe ich mit links« oder »Das ist für mich kein Problem« oder »Das wäre doch gelacht«, sind Aussagen, die mir gezeigt haben, dass mein Können oder meine Ausdauer oder meine Logik nicht für ein erfolgreiches Ergebnis gereicht haben. Doch Selbsteinschätzung ist immer ein kleines Abenteuer, auf das du dich immer wieder mal einlassen solltest. Es ist überraschend und macht Spaß. Gleichgültig wie das Ergebnis sein wird. Du machst oder versuchst etwas und lernst dich selbst besser kennen. In einem aktuellen Moment. In einem anderen Fall, kann schon wieder etwas ganz anderes passieren, denn du wirst dich weiterentwickelt haben.

Schätze dich immer wieder neu ein! Das alleine ist es wert genug!

All die Grenzen, die sich um uns herum auftun, finden nur in unserem Kopf statt. Du baust dir selbst ein Gefängnis. Deshalb wird unser Dasein oft wertlos. Wie oft habe ich die Ausrede gehört: »Ich würde ja gerne, aber ich kann nicht, weil ...«. Die Grenzen sind nur deshalb da, weil du sonst mutig unbekanntes Territorium beschreiten könntest. Die meisten unter uns leben nach dem ungeschriebenen Gesetz: **»Lieber unglücklich aber sicher, als glücklich und unsicher«.**

Wir können jederzeit die Grenzen aufmachen, niederreißen und darüber hinwegsteigen. Doch das würde bedeuten, Gewohntes und Routiniertes aufzugeben oder zu verändern. Natürlich bringt dies eine Bewegung mit sich, deren Richtung im Vorfeld nicht planbar ist. Und das macht vielen Angst **(siehe Kapitel Selbstvertrauen)**. Wenige Menschen erkennen, dass sie freiwillig hinter Mauern sitzen und sich nicht trauen, den Geschmack von Freiheit kennenzulernen.

Sie jammern und lästern und schimpfen über ihre Lebenssituation recht gerne, denn darin kennen sie sich aus. Sie machen alle anderen dafür verantwortlich und umgarnen sich mit Erklärungen, warum und wieso sie da sind, wo sie sind. Sie fühlen sich klein und wertlos. Doch die anderen sind nicht dafür verantwortlich, denn zugelassen hat der Mensch es selbst.

Deinen Selbstwert kannst nur du dir nehmen und auch wiedergeben.

Ich habe begriffen, dass ich kein Lotto spielen muss, um das Glück zu bekommen. Was bringt es mir, wenn ich mir im Außen mehr leisten kann, jedoch in mir weniger finde? Langfristig bringt mir das keine Erfüllung und nicht den erhofften Glückszustand. Mein Leben wird kostbar in dem Augenblick, in dem ich mir bewusst mache, was ich alles habe und nicht darauf schaue, was mir fehlt. Der Wert meines

Lebens bekommt eine neue Qualität durch die Geschichten, die ich erzählen kann. Mein Selbstwert wird edel, wenn ich mir meiner Talente bewusst werde.

Du bist es dir wert deinen Mehrwert zu erfahren. Das setzt voraus, dass du Neues in dir entdeckst. In dem Moment, in dem du aus der gemütlichen und trägen Komfortzone herausgehst, bricht ein Vulkan aus. Ein Feuerwerk aus Adrenalin und Endorphinen. Das Abenteuer beginnt. Du bist dir so nah wie nie zuvor. Du entwickelst eine Zuversicht, die stärker ist als Stahl. Du bekommst eine Kraft, die dir das Gefühl vermittelt, du könntest die Welt aus den Angeln reißen **(siehe Kaptitel Selbstinitative)**. Du spürst dich und handelst aus dir selbst heraus. Mehr geht nicht an innerem Gleichgewicht.

Die Gesellschaft besteht aus Individuen, doch der Mensch ordnet sich gemeinhin den Regeln und Pflichten unter. Das System könnte sonst auch nicht bestehen. Doch kann ich das System aufrechterhalten und trotzdem wissen, wer ich bin? Mir erlauben, »Ja« und »Nein« zu sagen, meine Bedürfnisse kennenzulernen, einen gesunden Egoismus zu entwickeln, mich selbst zu lieben, weil es zu meinen Grundbedürfnissen gehört, zugleich Lehrer und Schüler auf meinem Lebensweg zu sein, Werte in mir zu haben und sie zu leben, meine Talente zu entdecken und meine Potenziale zu entfalten?

Ich bin fest überzeugt, dass das System auch noch dann funktioniert. Oder wer weiß, vielleicht sogar besser? Vielleicht könnten wir auch zu einer wertvolleren Gesellschaft werden?

Überlege einmal wie der Titel deines Lebensbuches bis heute lauten würde. Über diesen Titel definierst du dich. Der Titel ist ein Synonym für das, was dich ausmacht. Er steht für deinen Selbstausdruck **(siehe Kapitel Selbstlaut)**. Natürlich kannst du deinem Buch auch Lebenskapitel geben. Durch diese Reflexion wirst du erkennen, was du alles schon gemeistert hast. Dein Selbst-BEWUSST-Sein erhöht deinen Selbstwert. Als ich mir selbst bewusst wurde, erlebte ich gleich mehrere Schlüsselmomente.

Mein Lebenskapitel

Das erste Date mit Andi hinterlässt bis heute Spuren in unserer Verbindung. Er führte mich in ein Steak House aus, da für ihn ein gutes Stück Fleisch purer Genuss bedeutet. Wie es meist zu Beginn zwischen zwei Menschen ist, die dabei sind, sich kennenzulernen, war die Unterhaltung nett und oberflächlich. Das Essen kam und ich fragte scheinbar beiläufig, während ich mich meinem Salat widmete: »Mich interessiert was dein Auto gekostet hat.« »Er erzählte mir mit Stolz was sein Auto alles kann und hat und den Preis. »Wow, das ist ja eine ganze Menge.« Ihm gefiel sichtlich, dass ich mich dafür interessiere. »Welchen Wert hast du? Da ich dabei bin, mich in dich zu verlieben, möchte ich gerne wissen, ob sich die Gefühle, die ich investiere, auch lohnen.«

Es wurde still. Andi wirkte leicht verstört und schaute mich mit einem großen Fragezeichen in den Augen an: »Was stellst du denn für Fragen?« »Wer sagt denn und schreibt vor, was man zu fragen hat?«, konterte ich. Es folgte ein Schweigen. Ich ahnte, dass er krampfhaft überlegte, was er mir antworten konnte. Sein Steak wurde kalt. Es war mir arg, dass er sich aufgrund meiner Frage so überfordert fühlte. Ich aß weiter, doch er hatte seinen Teller zurückgeschoben. »Naja, so schwer wird es dir doch nicht fallen mir deinen Wert zu sagen, schließlich bist du seit 40 Jahren mit dir zusammen!«, waren meine Worte. ***Das war sein Schlüsselmoment.***

Immer noch Schweigen. Dann sagte er plötzlich: »Ich bin pünktlich«. »Pünktlich bist du also, das ist schon mal gut. Ich mag nicht gerne auf jemanden warten.« Er schien erleichtert. »Dass du deinen Wert allerdings nur auf Pünktlichkeit reduziert, ist mir zu wenig. Wenn du mehr weißt, dann rufe mich wieder an.« Gesagt, aufgestanden, gegangen. Ja, ich gestehe das war eine harte Nummer von mir. »Warte, Silvia!«, rief er mir nach. Er kam auf mich zu. »Deine Frage hat mich total überfordert. Noch nie zuvor habe ich darüber nachgedacht. Kannst du mich unterstützen, herauszufinden wer ich bin?«

Ich nahm ihn fest in die Arme und seit diesem ersten Date habe ich einen wunderbaren Schatz an meiner Seite. Sieben Jahre später schreibt er mit Freude viele WERTvolle Eigenschaften über sich auf. Er hat sich kennengelernt und sein Selbstwert ist um ein Vielfaches gestiegen. Ich liebe ihn.

Erinnere Dich an Deinen Schlüsselmoment

FAZIT

Wenn du dich selbst gefunden hast, dann weißt du wie wertvoll du für dich und andere bist. Somit wirst du ein wertvoller Mensch für dein Umfeld. Indem du deinen Selbstwert erkennst, wird es dir erst möglich, ein echtes Teammitglied zu werden. Wir möchten ständig Teams bilden und wundern uns, dass sie aufgrund einzelner Menschen zerbrechen. Wenn jeder Einzelne sich seines Wertes bewusst ist, können Schwächen ab- und Stärken ausgebaut werden. Lasst uns den Wert unseres Seins erkennen und die Harmonie untereinander erhöht sich! Die Werte, die wir uns von anderen wünschen, sollte man selber vorleben. Die Menschen könnten viel unkomplizierter miteinander umgehen.

SELBSTLIEBE

**Zu lieben und sich geliebt zu fühlen,
ist der Mensch zeitlebens ein Schüler.
Den Meister entdeckt er in der Liebe
zu sich selbst**

Wo sind sie nur? Die Selbstverliebten? Ich sehe sie so selten. Gibt es so wenige? Vermutlich. Die Gesellschaft macht es uns ja auch nicht leicht, da Selbstverliebtheit negativ assoziiert wird. Selbstverliebt verbindet man mit arrogant, selbstherrlich und übertrieben eitel. Vor vielen Jahren habe ich für mich beschlossen, dass es zu meinen Herausforderungen gehören soll, selbstverliebt zu sein.

Verliebt sein ist eine Zeit, die einem Ausnahmezustand gleicht, da die Leichtigkeit des Seins in alle Poren vordringt. Die Alltagsprobleme werden gelassener betrachtet und man ist sensibler mit sich selbst. Man sieht alles durch die berühmte rosarote Brille. Aus meiner Erfahrung kann ich sagen, dass der Zustand des Verliebtseins in einen Mann bei mir nie allzu lange angedauert hat. Eine Beziehung geht nach der Phase des Verliebtseins entweder in Liebe über oder es hat sich ausgeliebt. Deshalb beschloss ich schon früh, dieses Hochgefühl nicht vom Außen abhängig zu machen und entwickelte mich dahingehend, dass ich mich in mich selbst verliebte. Dies gelingt mir – mal mehr, mal weniger – seit einigen Jahren ganz gut.

Ich werde sehr oft gefragt. was mein Geheimnis sei oder mit was ich den Akku auflade, da ich immer optimistisch wirke. Meine Antwort: »Ich bin verliebt«. Dann schaut man mich groß an und die Gegenfrage kommt prompt: »Ach, wie schön, ich dachte Sie seien verheiratet?« »Ja, das bin ich auch. Verliebt bin ich in mich selbst und ich liebe meinen Mann.« Dann herrscht Stille. Und mein Gegenüber geht schnell dazu über, über das Wetter zu sprechen! Natürlich ist es in unserer Zivilisation ungewöhnlich, dass man das Wort »selbstverliebt« offen benutzt. Ich vermute, dass ich mit dieser Antwort in die Schublade »sonderbar« gesteckt werde.

Werde DEIN bester Freund/DEINE beste Freundin

All das, was du am anderen schätzt, kannst du auch in dir selbst wiederfinden.

Begegne dir. Sei dir nahe. Liebe dich!

Sei dir selbst dein bester Freund/deine beste Freundin. Gefalle in erster Linie dir. Wenn ich in den Spiegel schaue, gefällt mir das, was ich sehe. Ich akzeptiere mich und das strahle ich aus. Ich finde mich gutaussehend. Meine Falten streichele ich sanft und nehme sie an. Meine Haare werden niemals lang und deshalb habe ich einen Haarschnitt, der zu mir passt. Ich sehe eine Frau, die mit Lust Frau ist und ich genieße es, dass mein Aussehen das Weib in mir widerspiegelt.

Ich tue mir Gutes. Ich behandele mich freundlich. Ich bin nett zu mir. Ich weiß alleine, was mir gut tut und gebe mir das. Ich spreche gute und positive Worte zu mir. Ich mache mir Komplimente. Ich schenke mir die Aufmerksamkeit, die ich brauche, damit ich weiß, was meine Bedürfnisse sind. Achtsam und sacht gehe ich mit mir um. Ich unterlasse es, mich grob und fahrlässig zu behandeln. Ich lache – lache gerne – lache mit mir. Selbsthumor ist so wohltuend **(siehe Kapitel Selbstironie)** und ständig abrufbar. Ich lächle alleine, wenn ich mich im Spiegel betrachte. Ich lächle, wenn ich mir meinen geliebten Kaffee in der Früh mache. Es gibt unzählige Momente, die unbedeutend sind. Das Lächeln lässt mich feinfühliger auf all diese scheinbar unbedeutenden Momente reagieren. Wenn ich das Wort Danke sage, dann lächle ich. »Danke für mich« und »Danke für all das, was heute ist«.

Ich möchte anziehend sein, Lust spüren, meinen Körper annehmen. Rundungen liebkosen, die Kilos nicht länger beschimpfen, sondern ein Team mit ihnen werden. Mit mir selbst Befriedigung finden und das nicht nur im herkömmlichen sexuellen Sinne. Die Erotik will ich durch Bewegungen, Gang, Worte, Schweigen, so wie ich BIN, empfinden. Ich bin nicht so streng mit mir. Ich erlaube mir meine Fehler, Schwächen, Ecken und Kanten. Sie gehören zu mir und sind mitverantwortlich, dass ich die Frau bin, die ich heute bin. Ich liebe die Augenblicke, in denen ich das Mädchen in mir zulasse. Wenn andere mich als kindisch bezeichnen, dann freue ich mich ganz besonders.

Das Credo heißt: Ich gefalle mir. Ich mag mich. Ich nehme mich an. Ich finde mich gut. Ich bin in mich verliebt. Selbstverliebt sein ist ein starkes und gesundes Fundament für die Selbstliebe. Mein Arzt sagte zu mir: »Wenn Sie es schaffen in den Wechseljahren glücklich zu sein, dann werden Sie diese Zeit nahezu unbeschwert erleben«. Ich fragte ihn, warum sollte ich das nicht schaffen und er antwortete: »Weil viele Frauen sich in dieser speziellen Zeit als Frau nicht mehr annehmen und gefallen. Sie fühlen sich wertlos«.

Probiere es aus! »Selbstverliebt« ist nicht mit »selbstherrlich« gleichzusetzen! Selbstherrlich ist eine Spur zu überzogen und eine Spur zu vereitelt. Selbstverherrlichung sorgt für ein überspanntes Selbstbild. Man entfernt sich zu sehr von der Wirklichkeit. Seit ich mir den Zustand des Verliebtseins in mir bewahre, kann ich wunderbar mit mir alleine auskommen. Ich genüge mir! Es wird mir nicht langweilig, wenn ich in meiner Gesellschaft bin.

Unsere Gesellschaft ist so geprägt, dass du negativ bewertet wirst, solltest du es wagen über dich selbst zu äußern: »Ich finde mich gut, so wie ich bin«. Völlig unbefangen reagiert das Umfeld allerdings bei der Aussage: »Ich finde ihn/sie gut, so wie sie ist«. Über andere eine gute Meinung zu haben und sie auszudrücken wird akzeptiert. Über sich selber das Gleiche zu haben, wird verurteilt. Spricht man allerdings negativ über sich selbst, dann hat man interessierte Zuhörer. Es ist angesehen, sich selbst zu kritisieren **(siehe Kapitel Selbstkritik)**. Es ist unangebracht, sich selber zu loben. Hier läuft gesellschaftlich gesehen etwas gewaltig schief.

Selbstliebe als Grundbedürfnis

Wir fliegen zum Mond. Wir bauen 100 Meter hohe Wolkenkratzer. Wir können Atome spalten. Doch was wir nicht können, ist, unseren Kindern von klein auf die Grundvoraussetzungen eines kraftvollen Lebens zu vermitteln. Sind wir unfähig, Selbstliebe und Natürlichkeit vorzuleben? Wie viele Grundbedürfnisse gibt es denn? Ich habe bei dieser Frage oft verschiedene Antworten erhalten. Doch so gut wie nie die richtige. Frage dich erst einmal selber, bevor du weiterliest. Was braucht der Mensch, um zu überleben? Was ist lebenswichtig, damit er ein kraftvolles und stabiles Dasein aufrechterhält?

- Sauerstoff
- Wasser
- Nahrung
- Schlaf
- Licht
- Liebe

Die ersten fünf Grundbedürfnisse werden im 21. Jahrhundert noch immer nicht in den Mittelpunkt der Erziehung gerückt, geschweige denn alle sechs. Ich finde es beschämend, dass unsere Kinder die Wurzel aus 187 und chemische Formeln lernen müssen, die sie mit höchster Wahrscheinlichkeit niemals in ihrem Leben brauchen werden, jedoch das Wesentliche zum Über-LEBEN nicht gelehrt bekommen. Wir haben unsere Mentalität nicht nur aufs Jammern und Beklagen beschränkt – nein – wir gestatten uns außerdem sehr wenig Spaß im Leben. So schieben wir gewohnheitsmäßig jede Menge Frust vor uns her.

Das 6. Grundbedürfnis – Liebe!

In einem Fernsehbericht habe ich gehört, dass man in Alten- und Pflegeheimen jetzt eine Methode entwickelt, mit der die Menschen dort behandelt werden. Die Neuentdeckung soll wunderbare Erfolge bei den älteren Menschen bringen und man hat sich deshalb entschlossen, dieses System als Standard einzuführen und die Pfleger/-innen in dieser einen revolutionierten Arbeitsweise zu schulen. Sie nennt sich Berührung. Das muss man sich einmal auf der Zunge zergehen lassen.

B e r ü h r u n g.

Menschen, die berührt werden, fühlen sich währenddessen und im Nachhinein besser. Wer hätte das gedacht? Das Grundbedürfnis Liebe ist immer noch ein Tabuthema. Es wird einfach nicht darüber gesprochen. Wir sind solch ein trauriges Völklein geworden und die Einnahme an Antidepressiva ist mittlerweile sehr ansehnlich. Wir fragen aus Höflichkeit »Wie geht es dir?« – doch die Antwort interessiert uns meist nicht wirklich. Die beste Frage ist aber: »Alles gut?« Damit stellt man von vornherein gleich klar, dass man ein »Ja« hören will. Wir glauben wirklich, dass wir freundlich wären, wenn wir »Morgen«, »n' Abend«, »Alles gut?«, »Danke«, »Bitte« äußern. Dabei wird in den wenigsten Fällen in die Augen des Anderen geschaut, geschweige denn ist ein Lächeln auf dem Gesicht zu sehen.

Die Mühen für ein »Guten Morgen« und ein »Guten Abend« umgeht man gerne. Wir stehen selten einem anderen wirklich auf Augenhöhe gegenüber. Man läuft an ihm vorbei, spricht ihn von der Seite an oder macht zeitgleich etwas anderes und schaut nicht mal auf. Doch man erhält den Stempel »Freundliche Person«. Diese Banalität im Alltag führt – ohne, dass uns das bewusst ist – Stück für Stück zur Vereinsamung. Alle diese Abläufe dienen keiner echten Zwischenmenschlichkeit. Wir praktizieren sie, doch wir fühlen sie nicht. Nach außen hin ist uns die weiße Weste wichtig **(siehe Kapitel Selbstbeherrschung)**. »Man kann mir nicht nachsagen, dass ich unfreundlich bin.«

Das ist es, worauf die Menschen bedacht sind. Wir legen großen Wert auf das, WAS wir sagen, jedoch nicht auf das WIE. Dieses pseudo-freundliche Verhalten erzeugt Distanz. Dieser Deckmantel der Freundlichkeit hat nicht den Ursprung im Herzen, sondern im Kopf. Das ist einer der Gründe, weshalb unsere Gesichter hart wirken, die Schultern auf halb acht hängen und wir am liebsten mehr weinen wollen, als wir uns das erlauben. Ich habe schon einige Diskrepanzen hinter mir, weil ich des Nicht-Grüßens angeklagt war. Doch es war mir innerlich regelrecht zuwider, einem Menschen mit einem Hallo meine Beachtung zu schenken, wenn ich ihn nicht respektiere. Ja, das machte mir das Leben schon des Öfteren schwer. Es ist der Preis für meine Emotionalität. Doch bei mir weiß man immer, woran man ist.

So zu tun als ob, ist eine Mentalität, die mir fremd ist. Der Mensch hat sich zu einer hochtechnisierten Maschine entwickelt. Sie weiß sehr viel, da sie ständig mit Wissen vollgestopft wird. Die Datenbank wird gepflegt. Macht man einen Fehler, dann wird nicht darüber gesprochen, sondern man erweitert seinen Kenntnisstand, wie man diesen in Zukunft vermeidet und damit ist es getan. Die profanste Formel, die ein kraft- und liebevolles Leben ermöglicht, ist in Vergessenheit geraten. Sie ist ja auch nicht so attraktiv wie der Satz des Pythagoras: $a^2 + b^2 = c^2$.

Sie heißt schlicht: Ein Mensch braucht einen Menschen

Darin ist das Grundbedürfnis Liebe enthalten. Der Mensch braucht neben Trinken, Atmen, Essen, Schlafen, Licht, das Menscheln! Wie grausam vergewaltigen wir dieses Grundbedürfnis. Doch der Mensch kann die Liebe eines anderen nicht bekommen, wenn er nicht versteht, dass er sich auch selbst zu lieben hat. Die Selbstliebe ist der Anfang für gesunde und stabile Beziehungen. Wir aber verbringen oftmals mehr Zeit damit,

- andere zu denunzieren
- uns mit anderen zu vergleichen
- Materielles anzustreben
- hinten herum zu lästern

anstatt

- andere zu loben
- ernsthaftes Interesse am anderen zu empfinden
- Emotionen zu zeigen
- mit dem Betroffenen offen zu reden

Was Liebe WIRKLICH ist . . .

Die Liebe. Gleichgültig woher wir kommen, wohin wir gehen, welchen Status wir haben, welchen Titel wir benutzen, welcher Herkunft wir sind oder welche Hautfarbe wir haben, wir ALLE brauchen die

Liebe. Wir brauchen sie so sehr, wie die anderen Grundbedürfnisse, damit es uns gut geht.

Es gibt drei Arten der Liebe

Die leichteste Art ist die, einem anderen Liebe zu geben, zu schenken – das können viele. Sie geben gerne und viel. Wenn sie geben, fühlen sie sich gebraucht. Wenn man gibt, kann man von sich selbst ablenken und seine Sehnsucht nach Nähe und Verbindung kompensieren.

Die Liebe eines anderen anzunehmen, aufzunehmen und zu bejahen, das ist schon schwieriger. Wie reagierst du zum Beispiel auf ein Kompliment? Erwiderst du ein: »Du siehst heute schön aus« mit: »Aber nein, meine Haare sind heute gar nicht wie sie sollen«, »Schau mich nicht an, ich habe zwei Kilo zu viel« oder »Sag das doch nicht, ich gefalle mir heute gar nicht«. Wie wäre es stattdessen einfach mit einem simplen »Danke«? Oder, wie fühlst du dich, wenn jemand dir anbietet, etwas für dich zu übernehmen? Fühlst du dich unwohl? Kannst du es annehmen? Oder lehnst du ab und leistest dafür dann noch mehr? Versuche es doch auch hier einfach mit einem »Danke«, ohne Zusätze wie: »Ach, das braucht es doch nicht.«

Und dann wäre da noch die Selbstliebe. Diese sollte unantastbar sein. Doch sich selbst zu lieben, gestatten sich die wenigsten. Dabei ist sie unendlich wichtig.

Nur über die Selbstliebe sind wir fähig, andere wirklich zu lieben wie sie sind und Liebe von ihnen anzunehmen. Die Selbstliebe trägt Früchte.

Nur was du in dir trägst, kannst du geben

Was auch immer es ist. Du tust es für DICH. Es wird dir gefallen, wenn du etwas Herkömmliches mit Ungewöhnlichem mixt. Tue etwas anders als bisher! Sich selbst zu lieben ist der Beginn einer wunderbaren Liebesbeziehung. Und diese wird garantiert lebenslänglich sein. Nur nicht hinter Gittern, sondern in Freiheit. Wie viele Menschen sind in einer Partnerschaft verfangen und gefangen? Wie viele Menschen vegetieren einsam mit ihrem Partner dahin? Wie viele Menschen brüsten sich mit ihrer sorgfältigen Scheinwelt? Sie brauchen den anderen, auch wenn dieser sie nicht glücklich macht, da sie sonst im Alleinsein zugrundegehen würden. Sie haben dann wenigstens noch einen Hauch von Leben in sich, wenn sie über den Partner schimpfen und sich beschweren können.

Menschen, die sich selbst lieben, haben ohne großartige Vorkommnisse eine Grund-Lebensfreude. Sie sind einfach zufrieden, dass es sie gibt. Sie bedanken sich mehr, als dass sie bitten und sie brauchen weniger an überflüssigen Sachen. Sollte dir einmal ein Mensch begegnen, der sich verliebt und vielleicht sonderbar verhält, so freue dich darüber. Es wäre schön, wenn wir Erwachsenen Menschen ohne Kopfschütteln betrachten könnten, die sich kindisch verhalten. Kinder leben so lange herrlich frei ihre Eigenliebe, bis der Zeigefinder der Anstandsregeln kommt. Ich glaube, es würde unserer Gesellschaft gut tun, wenn wir aus dem Schwarz-Weiß-Denken etwas Buntes machen könnten. Wir sehnen uns alle nach Zärtlichkeit und nach Liebe. Lasst uns achtsam und bedacht dieses wundervolle Gefühl wieder mehr in seiner Natürlichkeit leben.

Meine Lebenskapitel

Als ich meine Tochter im Kindergarten abholen wollte, rannte Max, ein 5-jähriger Junge stürmisch auf mich zu. Er wedelte dabei mit einem Blatt Papier und er hatte es überaus eilig, es mir zu zeigen. Ich kniete mich nieder und aufgeregt erklärte er mir, dass er einen Wirbelsturm gemalt habe. Seine Zeichnung bestand aus wirren schwarzen Strichen. »Er hat ganz viel zerstört!«, erklärte mir Max. »Darunter liegt ein kaputter Traktor, ein Auto und auch ein Kinderwagen.« Ich lächelte ihn an. Seine Fantasie begeisterte mich.

Ich kam nicht dazu, etwas zu sagen, da zwischenzeitlich seine Mutter herankam, ihm sein Meisterwerk aus der Hand nahm und mürrisch fragte: »Was soll das denn?« »Mama das ist der größte Wirbelsturm der Welt!« »Das ist doch nur ein Kritzel-Kraxel«, erwiderte sie übellaunig. Ich stand auf und musste kurz Luft holen, um ihr nicht meinen Gefühlswirbelsturm entgegenzuschleudern. »Max hat das richtig toll gemacht und ich hoffe, dass das Bild einen besonderen Platz zum Aufhängen hier bekommt.«

Es war eine ungute Situation. »Ach hören Sie doch auf, so was zu sagen«, waren ihre Worte. »Wenn Ihr Kind so ein Bild malen würde, würden sie es auch in die Mülltonne kloppen.« Max weinte. »Sie sollten sich schämen. Ihr Junge war voller Freude über seine Leistung. Sie sollten lernen, Ihren Sohn einfach nur zu lieben so wie er ist und das ist eine ganze Menge.« Sie zerrte Max von mir weg und ich hörte noch wie sie sagte: »Die ist doch verrückt«. **Das war für mich ein Schlüsselmoment.** *Vielleicht hat Max an diesem Tag ein Stück seiner Liebe zu sich selbst und zu dem, was er tat, verloren …*

Meine Oma war und ist bis heute ein wichtiger Mensch für mich. Warum? Weil sie mein Vorbild ist. Außer meiner Oma habe ich noch keinen Menschen kennengelernt, der wirklich authentisch war. Allerdings schon einige, die von sich glaubten, dass sie es wären. In der Kirche musste sie auf Anweisung des Pfarrers von der vordersten in die letzte Reihe wechseln, da ihr Gesang schlichtweg zu laut war. Doch am darauffolgenden Sonntag saß sie schon wieder in der ersten Reihe und wanderte wieder nach hinten. Wenn sie gelacht hat, dann war das für mich als Kind schöner wie Fernsehen. Sie seufzte aus voller Kehle, ihr Gesicht lief purpurrot an, ab und zu fiel das Gebiss heraus. Und genauso leidenschaftlich weinte sie. Sie konnte über sich schimpfen, wenn sie etwas getan hatte, was ihr hinterher nicht gefiel. Und ebenso konnte sie sich loben.

Gleichgültig was sie tat, sie tat es mit Leib und Seele. Sie liebte das Leben und sie liebte sich. In einem Brief von ihr an mich stand: »… Ich wünsche dir, Silvia, dass du dir beim Älterwerden erlaubst, Dummheiten zu machen. Verrücke öfter deinen Blickwinkel und lasse die fünf öfter mal gerade sein. Sei nicht zu streng mit dir, sonst wirst du nicht den Geschmack der Liebe kosten.« Heute verstehe ich, was sie mir damit sagen wollte. Danke Oma!

An meinem ersten Tag in Los Angeles beschloss ich in das Hotel Beverly Wilshire zu fahren. Zu wissen, dass in dem Hotel Julia Roberts und Richard Gere gedreht haben, verzückte mich regelrecht. Ich wollte mir dort meinen ersten Lunch gönnen, doch diese Entscheidung revidierte ich beim Blick in die Menükarte. Ich schlenderte durch die Lobby und erinnerte mich an viele Details, die ich im Film Pretty Woman gesehen habe. Ein Café gegenüber gefiel mir und ich genehmigte mir einen Eistee und einen kleinen gemischten Salat. Das Treiben um mich herum glich für mich einer anderen Wirklichkeit. Ich sah verdunkelte Limousinen und ich malte mir aus, welcher Filmstar wohl darin sitzen würde. Nichts war gewöhnlich, alles wirkte auf mich magisch.

Plötzlich kam ein Mann auf mich zu und fragte, ob ich ihm beim Warten auf mein Date zur Verfügung stehen würde.

Ich verstand wohl das Englisch, jedoch nicht den Sinn. Ich erklärte ihm, dass ich auf niemanden wartete und somit auch kein Date hätte. Er lachte, denn auf meine Frage, wie er auf diese Vermutung käme, meinte er: »Weil Sie so verliebt aussehen«. Jetzt lachte ich und bestätigte ihm, dass ich sehr wohl verliebt sei. »In mein Leben, in diese Situation und überhaupt in mich«, sagte ich und mir war klar, wie sich das anhören musste. Ja, ich war verliebt und ich spürte ein Kribbeln in mir, als ob viele Schmetterlinge durch mein Innerstes flogen. Eine Verabredung mit meinem Leben hatte ich und dafür hatte ich mich hübsch gemacht. Es gefiel mir, dass ich keine Scheu hatte, diesem fremden Mann zu sagen, dass ich in mich verliebt sei. Was auch immer er darüber denken sollte, es war mir gleichgültig. Doch es war für ihn nicht befremdlich. Stattdessen fragte er mich, ob er ein paar Fotos von mir machen dürfe. Ich müsse dafür nur den Standort wechseln und er zeigte auf das gegenüberliegende Restaurant. Er erklärte mir, dass er ein Foto-Shooting mache und die Models, die dafür engagiert waren, nicht im Geringsten die Ausstrahlung hätten, die ich besaß.

Für die nächsten zwei Stunden dürfe ich nach Herzenslust alles essen, wonach es mich gelüstete und nichts weiter tun, als zu sitzen und zu schauen. Das war natürlich ein Angebot, welches ich gerne annahm! Die fünf Damen, die aus beruflichen Gründen anwesend waren, begrüßten mich spärlich bis gar nicht. Mir war das egal. Ich gab jeder die Hand und stellte mich mit meinem Namen vor. Den Verlockungen aus der Speisekarte gab ich nach und bestellte mir meinen ersten original American Hamburger. Ein Dauergrinsen hatte ich auf dem Gesicht und als ich erfuhr, dass Silvester Stallone der Besitzer des Ladens war, klatsche ich in die Hände, da ich das Gefühl bekam, er wäre selber anwesend. Für die anderen war ich sonderbar. Ich für mich war glücklich.

Ist es nicht so, dass der Mensch, wenn er verliebt ist, alles mit einer rosaroten Brille sieht? Alles taucht in den herrlichsten Farben ein und die Glückshormone überschwemmen millionenfach den Organismus und man lächelt, nimmt alles leicht und ist schlichtweg glücklich? Genauso fühlte ich mich. Ich war verliebt in mein Leben! Und dankbar, dass ich in dieser Situation war. **Das war mein Schlüsselmoment.** *Nichts betrachtete ich ernst oder zweifelnd. Alles schaute ich mit Freude und neugierig an. Die Models waren um so viel attraktiver als ich, doch ihre Ausstrahlung war ohne Leuchten. Der Fotograf platzierte mich in den Vordergrund und ich hatte nur die Aufgabe, ich selbst zu sein. Ich verspeiste den Hamburger mit Pommes sowie ein Tiramisu und trank einen Chardonnay.*

Das Glück kam deshalb zu mir, weil ich es mit meiner Emotion des Glücklichseins angezogen hatte. Das Gefühl, in mich selbst verliebt zu sein, war dafür verantwortlich, dass sich immer wieder Ungewöhnliches auftat. Das Leben war in diesem Moment vollkommen – ich selbst machte es vollkommen.

FAZIT

Wenn ich mich selbst bejahe und annehme, wird eine Beziehung zu mir selbst geboren, die langfristig Bestand hat. Nur über die Selbstliebe wirst du fähig, eine Beziehung im Außen zu führen. Du wirst immer weniger abhängig von äußeren Umständen und bist nicht mehr massiv damit beschäftigt, das Gefühl verliebt zu sein, außerhalb von dir selbst zu suchen. Die Selbstliebe lässt dich das Leben entdecken. Alles, was bleibt, sind deine Erinnerungen. Deshalb ist es so wichtig, das du dich spürst, dich beachtest und dich selbst wertschätzt. Sei mutig, aus der Komfortzone heraustreten. Sobald du sie mit nur einem Schritt verlässt, kann das Abenteuer beginnen. Es beginnt in dem Augenblick, in dem du dich entscheidest. Du spürst dich. Du forderst dich damit auch auf, neue Gedankengänge zu haben. Sätze wie »Danke, dass es mich gibt«, lassen deine Selbstliebe wachsen.

SELBSTERKENNTNIS

**Keiner kennt dich besser
als DU dich selbst**

»Jetzt ist mir ein Licht aufgegangen«, rufen wir aus, wenn nach langem Kopfzerbrechen endlich Klarheit eintritt. Dieses Licht sollte ständig leuchten. Wenn ich die Menschen beobachte, dann sieht es für mich oft so aus, als ob ihre Lampe ausgeschaltet sei. Ihre Ausstrahlung ist alles, nur nicht hell und strahlend. Wie ist es mit dir? Leuchtet dein Licht in die Welt?

Selbsterkenntnis macht dein Leben um ein Vielfaches einfacher, angenehmer und freier. Du bist angekommen. Warum? Weil du dich kennst, dir vertraust und dich besser verstehst. Sobald du dich selbst erkannt und angenommen hast, kann dich dein Umfeld nicht mehr so schnell ins Wanken bringen. Du verlässt dich auf dich selbst und wirst zu einer auch für andere greifbaren und glaubwürdigen Person.

Kommt es dir manchmal so vor, als könntest du die Beweggründe des anderen eher durchschauen als deine eigenen? Das ist ein Trugschluss **(siehe Kapitel Selbstvertrauen)**. Mit dem Wissen über andere erreichst du immer eine Grenze. Nur der Betroffene selbst weiß um seine eigene Wahrheit! Sind nicht die Schlüsselmomente, die auf Selbsterkenntnis basieren, das Salz in der Suppe?

Bist du dir selbst sympathisch?

Wenn zwei Menschen sich zum ersten Mal begegnen, was geschieht meist? Oft entscheidet der erste Eindruck darüber, ob man sich wiedersieht oder man belässt es auf »Es war nett, danke, aber ...«. Zu Beginn lernen sie sich erst einmal kennen und dann wird entschieden, ob man sich sympathisch ist oder eher nicht. Wie sieht es mit dir selbst aus? Wann lernst du dich bewusst kennen? Wann überlege ich, ob ich mir sympathisch bin? Ich kann ein weiteres Wiedersehen ja nicht in Frage stellen. Ich bin Tag und Nacht, ein Leben lang, mit mir zusammen. Wie schrecklich, wenn ich mir selbst keine Chance gebe, mich näher kennenzulernen. Ist es nicht meine Pflicht, mich kennen zu lernen und mich zu verstehen? Sollte es nicht mein Ziel sein, mir selbst mein bester und vertrauensvollster Freund zu werden?

Erst wenn ich auf diesem Wege bin, dann kann ich auch fruchtbare und erfolgreiche Verbindungen mit anderen eingehen. Wer bist du? Erzähle dir mehr über dich. Schließe mit dir selbst Freundschaft. Nimm dir die Zeit dazu. Jedes Mal, wenn du ein Stück mehr von dir erkannt hast, verstärkt sich deine Ausstrahlung. Über einen selbstbewussten Menschen sagen wir oft: »Der weiß, wo es lang geht«. Das ist nicht ganz richtig. Ein selbstbewusster Mensch zu sein, hat nichts mit Dominanz zu tun, sondern er ist sich schlicht über sich selbst im Klaren. Er weiß über sich Bescheid. Wenn jemand überlegen, führend, bestimmend, tonangebend auftritt, dann ist das nicht gleichzusetzen mit selbstbewusst. Er tritt so auf, weil er vielleicht alles andere als über sich selbst »bewusst« ist und dies überspielen möchte. Er tritt deshalb betont selbstsicher auf. Er spielt nur eine Rolle.

Viele glauben Menschenkenntnis zu besitzen, doch bei der Frage, wie gut sie sich denn selbst kennen, sind sie schnell überfordert. Warum glauben wir allen Ernstes, einen anderen besser zu kennen als uns selbst? Ihn in jeder Situation einschätzen zu können? Das können wir ja nicht einmal mit uns selbst. »Für den lege ich nicht die Hand ins Feuer«, ist eine weitere Aussage, die wir von Zeit zu Zeit nutzen. Damit meinen wir: Dem traue ich nicht. Gut so – kann man auch nicht. Der Mensch hat meiner Meinung nach genug damit zu tun, für sich selbst die Hand ins Feuer zu legen. Mit der Aufgabe, sich so sehr kennenzulernen, dass man das getrost behaupten kann, ist man schon ausgelastet **(siehe Kapitel Selbstsicherheit)**.

In jedem Menschen gibt es ein großes Verlangen danach, verstanden zu werden. Fühlt er sich verstanden, fühlt er sich ernst genommen. Doch die Basis, um wirklich verstanden zu werden, ist Selbstverständnis. Wie soll ein anderer dein Denken, Fühlen und Handeln verstehen und ernst nehmen, wenn du dich selbst nicht kennst und begreifst? Jede Beziehung würde langfristig keinen Bestand haben.

Verstehst DU dich?

»Das ist doch selbstverständlich«, ist eine Redensart, die uns leicht über die Lippen kommt. Was aber genau meinen wir damit? Ich glaube, dass es eigentlich so etwas wie »natürlich«, »gerne«, »zweifelsohne«, »kein Problem«, »freilich«, »auf jeden Fall«, »ganz gewiss« bedeutet. Aber »selbstverständlich« sollte doch beinhalten, dass man selbst versteht, was man tut? Wir benutzen dieses Wort, wenn wir etwas für einen anderen tun und überprüfen unsere Einstellung dazu oft gar nicht. Das Selbstverständnis ist die Mutter von »selbstverständlich«.

Dich selbst zu verstehen ist anstrengend, denn du beginnst, automatische Handlungen genauer unter die Lupe zu nehmen. Du vollbringst deine Denk- und Verhaltensmechanismen nicht mehr gedankenlos, sondern du hinterfragst dich, ob du überhaupt selbst hinter dir stehst und dich verstehst. »Ich fühle mich so verstanden mit und bei dir«, ist eine Liebeserklärung an den Partner. Sich verstanden zu fühlen bringt Sicherheit und ruft Geborgenheit hervor. Es entsteht ein Gefühl der Verbundenheit (Liebe). Natürlich ist dies attraktiv und erstrebenswert, doch ebenso stark solltest du mit dir selbst verbunden sein, dich selbst kennen.

»Du verstehst mich einfach nicht«, heißt es oft in Beziehungskrisen. Sich missverstanden zu fühlen, ruft Verzweiflung und ein Gefühl der Ohnmacht hervor. Man fühlt sich vom anderen (und im schlimmsten Fall auch von sich selbst) abgetrennt. Ein Gefühl der Einsamkeit entsteht, dass Angst machen kann. Es ist sicherlich anstrengend, sich so intensiv kennen zu lernen, doch der einzige Weg, um mit dir selbst in Einklang zu kommen. Ich glaube, dass fehlendes Selbstverständnis einer der Gründe dafür ist, dass zwischenmenschlicher Kontakt schwierig und anstrengend wird. Der Mensch geht von sich selbst aus und projiziert sein persönliches Denk- und Verhaltensmuster gedankenlos auf den anderen. Aber das Gegenüber hat ja ein eigenes Muster. Übereinstimmungen sind selten.

Wir vergessen viel zu oft, dass der andere eine andere Wahrnehmung hat. Jeder versteht sich selbst am besten – nun, so sollte es wunschgemäß sein – doch dieses Verständnis rufen wir meist erst ab, wenn der andere etwas gesagt oder getan hat, das nicht in unserem Sinne war. Wir reflektieren uns meist nur über andere. Das ist ein Anfang, aber meines Erachtens nicht wirkungsvoll genug für die Selbstklärung. Warum reicht es nicht aus, sich über den anderen zu reflektieren? Es ist nicht nachhaltig.

Wenn du dir die Arbeit machst, dich aufzuschlüsseln, dich zu verstehen, dich wirklich kennen zu lernen, unabhängig von äußeren Gegebenheiten, dann baust du dir ein starkes Fundament auf. Selbstverständlichkeit bekommt eine ganz andere Macht. Du wirst die Redensart »Das ist für mich selbstverständlich« anders benutzen. Du wirst auch toleranter sein, denn du setzt nicht mehr automatisch voraus, dass der Andere gleich denkt, fühlt und handelt wie du.

Meine Lebenskapitel

Das Jahr 2015 war für mich eines meiner stärksten Jahre überhaupt. ***Ich hatte viele Schlüsselmomente.*** *Der Grund dafür heißt Selbsterkenntnis. Ich habe begriffen, sollte ich meinen altbekannten Denkmustern treu bleiben, eine konstante Begegnung mit Situationen, die mir missfallen, auch nicht ausbleiben. Ich hatte mir vorgenommen, für mich herauszufinden, was ich verändern durfte, um mich weiterzuentwickeln. Ich wollte meine innere Stimme hören und ich habe sie gehört. Es hat sich seitdem vieles getan. Hier die drei persönlichen Erkenntnisse, die mein Leben positiv verändert haben:*

1. ***Ich mache mich nicht vom Ergebnis abhängig. Alles was zählt ist das Tun.***
   In der Vergangenheit war ich oft enttäuscht, wenn das Ergebnis, auf das ich hinarbeitete, sich nicht einstellte. Ich war sehr zielorientiert, doch so gut wie nie aktionsorientiert. Das berühmte Zitat: »Der Weg ist das Ziel« von Konfuzius trifft meine Erkenntnis wunderbar. Früher bin ich am Ziel angekommen und fühlte das Glück nur kurz. Die Erkenntnis war, dass das Glücklichsein ein Prozess ist und dieser entwickelt sich bereits im Tun. Ja, das macht mich frei.

2. ***Mein Bewusstsein auf das richten, was ich habe und nicht auf das, was fehlt.***
   Dankbarkeit zu empfinden für das, was war, und das, was ist. »Danke« ist für mich zum kraftvollsten Wort geworden. Die Vergangenheit mit einem »Danke« zu verabschieden gibt mir inneren Frieden. Die Gegenwart mit einem »Danke« zu begrüßen, lässt mich glücklich sein. Der Zukunft mit einem »Danke« entgegenzuschauen, verstärkt meine Hoffnung. Seit ich das bewusst lebe, hat sich der innere Druck minimiert. Das »Danke« lässt mich gelassener und vertrauensvoller sein und wirken. Durch die Dankbarkeit bin ich erfolgreicher denn je. Warum? Weil mir mein Reichtum täglich bewusst wird, indem ich ihn anschaue. Reich bin ich an Gesundheit, an täglichen Grundbedürfnissen (Nahrung/Wasser/sicheren Schlaf/Licht/saubere Luft) und Liebe. Dieses Bewusstsein hat mich sehr verändert. Ich bin zu dem Menschen geworden, der mir ganz gut gefällt.
3. ***Andere Menschen sein zu lassen und meine Kraft in das zu investieren, was ich selbst verändern kann.***
   In meiner Beziehungskarriere habe ich immer das Gleiche erlebt. Ich bin von anderen Menschen enttäuscht worden. Sie haben mich mit ihren Worten und Taten verletzt. Ich machte mich zu einem Opfer. »Wie konnten sie nur?«, war eine gewöhnliche Aussage von mir. Ich habe andere nicht sein lassen, sondern glaubte, dass sie meine Unterstützung bräuchten. Dieses Verhalten brachte mir die immer wieder gleiche Enttäuschung. Meine Erkenntnis erlöste mich davon. Ich leide nicht länger unter dem Fehlverhalten eines anderen, da ich mir darüber bewusst geworden bin, dass ich keinen Menschen – außer mich selbst – verändern kann. Seitdem habe ich mehr Zeit für mich und diese möchte ich nicht mehr missen. Es gefällt mir außerordentlich gut. Ob ich meine Meinung kund tue oder nicht, entscheide ich. Früher habe ich es als meine Pflicht gesehen. Ob der Andere sich verändert oder nicht, liegt nicht länger in meiner Verantwortung. Andere sein zu lassen, lässt meine Akzeptanz wachsen und ich entwickle mich dadurch zu einem Menschen, der wieder mehr Lebensfreude und Lebenskraft zur Verfügung hat. Herrlich und unverzichtbar!

Meine Erkenntnisse haben dazu beigetragen, dass ich loslassen kann, was mich belastet. Ich weiß heute besser, wer ich bin und mir ist bewusster was ich brauche, damit es mir gut geht.

Erinnere Dich an Deinen Schlüsselmoment

FAZIT

Sich selbst Verständnis entgegenzubringen ist die Basis, damit uns ein anderer Mensch überhaupt langfristig verstehen kann. Jeder besitzt seine ganz persönlichen Empfindungen und Wahrnehmungen. Aufgrund unserer jeweiligen Geschichten reagieren wir alle unterschiedlich, anders, vielleicht ähnlich, doch schlicht individuell auf jede Situation. Vorausgesetzt wir haben noch den Atem der Lebendigkeit in uns und sind nicht schon zu roboterartigen Wesen geworden! Im Ausdruck deiner Emotionen und mit deinem Aussehen unterscheidest du dich maßgeblich von jedem anderen. Verstehe, warum du so bist, wie du bist. Verstehe, warum du dieses tust und jenes lässt. Werde selbst-verständlich und du erhöhst das Verständnis der anderen über dich. Erkenne dich und du wirst selten von anderen verkannt.

SCHLUSSWORT

Dieses Buch ist ein dauerhafter Begleiter für dich.

Du kannst es immer wieder zur Hand nehmen, solltest du dich wieder einmal selbst verloren haben. Die Antwort darauf, wer du bist, liegt in dir. Du erfährst dich, indem du dich lebst. Den Mut hast, immer wieder auf deine innere Stimme zu lauschen.

Je weiter du auf dem Weg der Selbstfindung voranschreitest, desto weniger wirst du bereit sein, weniger von dir leben zu wollen. Jedes Mal, wenn du dieses Buch auf- und zuschlägst und deinen eigenen Gedanken nachhängst, hat es seine Wirkung gehabt.

Lese dieses Buch auch dann, wenn du dich in Lebenssituationen befindest, in denen du Entscheidungshilfen brauchst. Du kannst darin Antworten für dich finden, die dir ein anderer eventuell nicht geben kann.

Du kannst darin Antworten für dich finden, die dir ein anderer eventuell nicht geben kann. Dein Lebensweg kann nur von DIR gegangen werden.

SCHÄTZE DICH WERT.
ERKENNE – SCHRITT FÜR SCHRITT – WELCHEN SCHATZ DU IN DIR TRÄGST!
FINDE DEN GOLDENEN FADEN DEINES LEBENS.

DIE AUTORIN

Silvia Fink-Eisinger kam 1965 als Tochter einer Apfelbauerfamilie im schönen Schwabenland zur Welt. Ihre Kindheit und Jugend verbrachte sie wohlbehütet und sorgenfrei.

In den darauffolgenden Jahren entwickelte sie als selbstständiger Persönlichkeits-Coach ihr ganz eigenes, innovatives Konzept. Mehrere Auslandsaufenthalte – die Sprache nicht beherrschend und trotzdem ihren Lebensunterhalt von Anfang an selbst bestreitend, prägten ihren Lebensweg und ihre eigene, authentische Art als erfolgreiche Persönlichkeitstrainerin.

Schon früh war ihr klar, dass die wahre Kommunikation zwischen Menschen nicht zwingend über fließende Sprachkenntnis stattfinden muss.

HERZENSWÄRME und SYMPATHIE sind DER Dolmetscher jeglicher Art von Kommunikation zwischen Menschen. Aus dieser Erkenntnis heraus hat Silvia Fink-Eisinger über Jahre hinweg ihr eigenes Coaching-Konzept gefunden: Alles entwickelt sich aus dem Gespräch heraus! Die Herzenskommunikation fließt und wird bewusst empfunden – auf allen Ausdrucksebenen.

Dieses Buch entstand durch lang- und vielfältige Eigenerfahrungen, als auch vieler Klienten-Resümees, mit größtem Herzblut. Durch die authentischen und persönlich durchlebten Lebenskapitel von Silvia Fink-Eisinger, erhält der Leser ein hohes Maß an Nähe und erlebt ihre Botschaften real mit. Durch das Geschenk des emotionalen Mitempfindens wird der Leser mit wertvollen Aspekten und Erfahrungen beschenkt.

Silvia Fink-Eisinger lebt heute glücklich verheiratet im Allgäu und ist stolz auf ihre wunderbaren beiden Töchter.

Mehr über ihr Leben und Wirken finden Sie unter
www.cambiare.com

Als ich dieses Buch geschrieben habe, hätte mein Leben nicht schöner sein können. Ein paar Monate später, bei der letzten Korrektur, war mein Leben komplett aus den Fugen geraten.
Meine Tochter Tamina starb mit ihren herrlichen „18" Jahren durch einen Reitunfall.
Aufgrund diesem grausamen Verlust und diesem unsagbaren Schmerz, ergibt für mich jedes Kapitel eine viel tiefere Bedeutung.
Ent-wickel DICH, liebe DICH, lebe DICH!
Das ist der einzige Sinn im Leben.

Silvia Fink-Eisinger

Vielleicht beginnt genau hier Dein eigenes Lebensbuch